倍速工作

问题四步解决法

世界一速い問題解決

（日）寺下薫 —— 著　徐怡秋 —— 译

本书写作于2018年作者任职于雅虎时

化学工业出版社
·北京·

SEKAIICHI HAYAI MONDAIKAIKETSU
BY Kaoru Terashita
ISBN 978-4797397413
Copyright © 2018 Kaoru Terashita
Original Japanese edition published by SB Creative Corp.
All rights reserved.
Chinese (in simplified character only) translation copyright © 2020 by Beijing ERC Media Inc.
Chinese (in simplified character only) translation rights arranged with SB Creative Corp., Tokyo through Bardon-Chinese Media Agency, Taipei.

本书中文简体版权由Kaoru Terashita授权化学工业出版社独家出版发行。
本书中文简体版权通过博达版权代理引进。
本版本仅限在中国内地（不包括中国台湾地区和香港、澳门特别行政区）销售，不得销往中国以外的其他地区。
未经许可，不得以任何方式复制或抄袭本书的任何部分，违者必究。

北京市版权局著作权合同登记号：01-2020-2190

图书在版编目(CIP)数据

倍速工作/（日）寺下薰著；徐怡秋译. —北京：化学工业出版社，2020.5
ISBN 978-7-122-36251-3

Ⅰ.①倍… Ⅱ.①寺… ②徐… Ⅲ.①工作方法-通俗读物 Ⅳ.①B026-49

中国版本图书馆CIP数据核字（2020）第030620号

责任编辑：王冬军 张丽丽	装帧设计：水玉银文化
责任校对：王鹏飞	

出版发行：化学工业出版社（北京市东城区青年湖南街13号　邮政编码100011）
印　　装：三河市双峰印刷装订有限公司
880mm×1230mm 1/32　印张 5$\frac{1}{4}$　字数120千字　2020年6月北京第1版第1次印刷

购书咨询：010-64518888　　　　　售后服务：010-64518899
网　　址：http://www.cip.com.cn
凡购买本书，如有缺损质量问题，本社销售中心负责调换。

定　价：29.80元　　　　　　　　　　　　　　　版权所有　违者必究

前言

1%。

请问,你知道这个数字代表着什么吗?

答案就是"能够正确解决问题的人"大约在普通人中所占的比例。这个数字完全是我的直观感受,主要根据我的经验推导而来。

从2013年开始,我在自己任职的雅虎公司(即雅虎日本)设立了一个培训班,名叫"SV研究会"。这个培训班的学员不仅限于雅虎公司内部的员工,还包括证券公司、银行、化妆品公司、通信公司以及服装公司等很多其他企业的管理层人员,大家聚在一起,共同学习解决问题的方法。然而,我很少见到真正有能力正确解决问题的人。

而且,我认为,毫不夸张地说,就连能够运用正确方法找出解决方案并顺利执行的人都几乎很少。

能够解决问题的人才就是如此稀少。

另一方面,随着互联网技术(简称IT技术)不断进步,一线工作的执行速度不断提高。与过去相比,人们遇到的问题数量越来越多，种类也越来越复杂，于是苦于不知该如何解决问题的员工数量也在逐年增长。

事实上，我在软银公司开设的学习解决问题的培训班几乎一直座无虚席，在雅虎开设的"SV研究会"报名人数也常常爆满，这几年一直需要抽号才能入班。

尽管我已经在软银及雅虎公司进行了100多场关于如何解决问题的培训，但也深感想要提升问题解决能力的需求依旧在年年攀升。

然而，虽然这种需求越来越高，但学习的机会却不是很多。

大多数人只能自己去寻找各种途径逐步掌握解决问题的技巧。例如参加外部培训、学习领导或同事的行为方式、不断尝试并不断修正错误，等等。

此外，虽然目前市面上已经出版了大量关于如何解决问题的书，可有时候，即使通读了这些书籍，我们依然很难觉得自己已经真正掌握了解决问题的技巧。

我自己在一线工作时也曾遇到无数问题，解决起来大费周章，因此我希望能为那些同过去的我一样苦恼的人提供一点帮助。出于这个目的，我开始着手试图总结能够适用于所有人的问题解决法，并开始在软银及雅虎组织培训。

令我感到开心的是，很多学员通过我的培训掌握了解决问题的技巧，并迅速成为活跃在各自工作岗位上的重要人物。

后来，一位曾经参加过培训的学员——他以前是软银集团的员工,现在是这本书日文版的编辑——找到我,希望我在公司培训之外,还能通过编著成书来帮助那些苦于无法解决问题的人,虽然有些意外,但我还是接受了这个邀请,开始执笔写作。

  本书中介绍的倍速问题解决法,全部基于我本人在雅虎工作时期积累起的经验,我已经将这些经验进行了系统化的整理。

  此外,通过在软银及雅虎的培训,我指导过的学员人数已经超过 1500 名,为了让每个人都能掌握这套方法,我对它进行了无数次验证与修订。因此我认为,这本书的适用对象广泛,无论你是职场老人,还是刚入职的新手,都可以在这本书里找到合适的内容并灵活运用。

  另外,虽然我的培训主要集中在软银与雅虎两家公司,但有时我也会去其他企业举办讲座。在本书的写作过程中,我有意识地增加了更多实例,希望能够为各行各业的人提供帮助。

  如今,我们所处的工作环境的压力正变得越来越大。

  希望这本书提供的倍速问题解决法能够成为各位读者的强力工具,可以帮助大家紧紧跟上时代发展的步伐。

目录

第 1 章
"超高速"问题解决法全公开

解决问题,高速度很重要 002
诞生于"爆速"工作环境下的倍速问题解决法 004
工作现场的问题 90% 都能在"70 分钟之内"解决 006
为什么很多人都不会解决问题 008
广为流传的两大误解 010
解决问题 100% 靠的是技巧!与天赋无关 013

第 2 章
快速完成"四个步骤"

99% 的人容易陷入的误区 016
能否快速解决问题取决于"最初的 10 分钟" 020
快速完成"四个步骤" 022
△ 步骤一　10 分钟内厘清问题的"背景"▲
　　　　第 1 步　"正确"发现"眼前的问题" 025
　　　　第 2 步　"善于发现问题的人"如何观察事物 029
　　　　第 3 步　坚决摒弃"固定观念"与"成见" 030
　　事例　如何将每天的工作效率提高 2 倍以上 032

△ 步骤二　20分钟内设定目标，整理问题点▲

第1步　问题的3种类型　034
第2步　所谓问题，其实就是目标与现实的落差　036
第3步　如果不能设定"正确目标"，就永远无法解决问题　039
第4步　设定目标的3大秘诀　041
第5步　快速收集"必要信息"　045
第6步　快速分析数据的3大秘诀　051
第7步　如何找出所有问题点　052
第8步　梳理问题点时切忌遗漏　054
第9步　梳理过程中遇到困难时，不妨灵活运用分析模型　059
第10步　对找出的问题点进行分类　062

△ 步骤三　30分钟内将全部问题点"可视化"，彻底查明真正原因▲

第1步　能否"自己"开动脑筋，找出真正的问题原因　063
第2步　通过"双向提问"找出所有问题点　065
第3步　挖掘那些用老办法难以发现的问题原因　067
第4步　仅凭丰田式的"五个为什么"，无法真正发觉问题原因　072
第5步　必须刨根问底，直至找出解决方案　074
第6步　不要被分析模型束缚，那是在浪费时间　075
事例　将输入错误削减至三千分之一　079
第7步　确定待处理问题的优先顺序　081
事例　如何按时完成"不可能完成的任务"　083

△ 步骤四　10分钟内找出解决方案▲

第1步　很多员工都会陷入的"一个困境"　086
第2步　找不到"突破口"是有原因的　087
第3步　"从零思考"找出具有现实意义的解决方案　088
第4步　优先考虑"重要程度"与"紧急程度"，将永远无法解决问题　091
第5步　判断方案优先顺序的两个标准　093
事例　如何实现看似高不可及的KPI指标　096

目 录

第 3 章
快速执行方案，务必拿出成果

"知道原理"与"能够运用"有天壤之别 100
只有百分之一的人能够付诸实践 102
勇于直面问题，不要逃避 104
制作能够超高速解决问题的计划表，注意三个关键点 106
没有成效就不算真正解决问题 109

第 4 章
三天解决涉及其他部门的问题

信息交流不足是部门间无法顺利合作的九成原因 112
要积极与其他部门人员就同一问题进行沟通 114
涉及经营管理方面的问题也必须毫无顾忌地提出来 116
让所有成员一鼓作气，快速解决问题 118
  事例　部门员工接连辞职，人数减半。那么应如何防止事态继续恶化 119

第 5 章
三个月解决涉及整个公司的难题

遇到难题时常见的五种反应 122
无论多么棘手的问题，只要严格遵循四个步骤，就一定能够快速解决 127
解决问题的关键在于方案的执行过程 129
召集核心成员，明确目标 131
只需准备制图纸、笔和便签 134
小组讨论前公布发言须知 135
为什么自由讨论的效果不理想 137

通过双向提问法，找出 200 个以上问题原因 140

涉及经营管理方面的难题，必须要找出 200 个原因 146

找出所有解决方案，确定优先顺序 149

　　事例　如何在一天半时间内召集 200 人成立投诉处理部门 153

后记 156

参考文献 158

第1章

"超高速"问题解决法全公开

● 解决问题，高速度很重要

"销售业绩停滞，无法达到预定目标。"

"顾客投诉连连。"

"工作中错误频发。"

"加班时间不减反增。"

我相信大部分在一线岗位工作的员工每天都会遇到与此类似的问题。

在公司里，我也会面对很多亟待解决的问题，每天都焦头烂额。

不过，在我所就职的雅虎公司，能够"切实地"解决问题只不过是最基本的要求而已。在解决问题的过程中，还有一个重要因素必须考虑。

那就是"速度"。

无论是我供职的雅虎，还是负责培训解决问题方法的软银，它们都是非常重视速度的公司。

为什么这两家公司如此重视速度？因为在互联网与移动通信世界里，能否高速应对各种问题将直接关系到一个企业能否在竞争中生存。

一项新型服务项目问世后，转瞬间就会冒出无数廉价的模仿者。

要想在激烈竞争中立于不败之地，就必须"高速"地处理各项工作。

这里所说的"高速"可不仅仅是"稍微"加速一点。

雅虎公司对一线员工提出的工作要求是必须达到"爆速"。

在如此注重速度的公司里，仅具备解决问题的能力还远远不够，只有能够快速解决问题，才能得到周围人的认可。

我自己在进入雅虎工作以后，也曾经遇到很多需要快速解决的问题。

例如，有一次，公司要设立一个新部门。通常我们培训新人需要两个月以上的时间，但那一次，社长提出一个几乎不可能完成的要求："就给你们一个月的时间！"当时，我仅用短短一周就完成了培训项目。

还有一次，雅虎公司遇到一个大麻烦，闹得社会上沸沸扬扬。当时社长命令我们马上建立一个新部门，专门接待客户投诉。于是，我们只用了一天半时间就建立起一个200人的部门，专门负责危机处理。

这样的事例不胜枚举。

不过，近年来，随着IT技术的急速发展，不仅像雅虎、软银这样的信息公司，很多其他领域的企业也开始对一线岗位的工作速度提出要求。

单纯去解决问题还远远不够，怎样才能快速解决问题，这已经成为当今社会每一位员工都必须要思考的问题。

● 诞生于"爆速"工作环境下的倍速问题解决法

2012年,雅虎公司的经营体制发生改变,社长由井上雅博换成宫坂学。

管理层发生变化的同时,一线员工也接到了最新指示——现有的工作速度还远远不够!应对问题必须要达到"爆速"才可以!

原本"爆速"一词是用来形容炸药爆炸后冲击波扩散的速度,但在雅虎内部,这个词已经被赋予了新的含义:一种以前从未达到过的超快速度。

2018年,川边健太郎接任宫坂学成为雅虎公司新社长。尽管宫坂已经离任,但爆速的基因(DNA)却被永远留在雅虎的工作现场。

进入雅虎之前,我就一直在研究问题解决法。加入速度至上的雅虎之后,我的研究课题不再局限于解决问题的方法,而是更加追求解决问题的速度,我希望能够找到世界上最快的问题解决法。

于是,经过不断摸索,不断在实际运用中试错,在某种程度上,我已经逐步建立起了自己的一套体系,可以"爆速"解决工作中遇到的各种问题。因此,为了能够给那些同样奋战在一线的员工提供一些帮助，从2012年开始，我负责面向软银集团旗下大约2万名员工开展培训，帮助他们掌握解决问题的方法。

从2013年开始，我在雅虎公司内部也开设了问题解决培训班。

目前，这个培训班里，除了雅虎内部的员工以外，还包括来自银行、制药公司以及服装公司等其他企业的学员。

到目前为止，通过培训，经由我指导的学员公司内外总计已超过1500人。

在培训过程中，为了确保每个人都能在工作中付诸实践，我已经对这套问题解决法进行了无数次的验证与修订。

事实上，几乎所有学员都能牢固地掌握这套方法，并在各自岗位上大显身手。

● 工作现场的问题 90% 都能在"70 分钟之内"解决

前面我曾多次谈到"问题"二字,事实上,在工作现场我们可能遇到的问题种类很多。

我将所有问题分成以下三个大类。

第一类:个人类型的问题

这类问题通过个人努力就能得到彻底解决,如"我的加班时间越来越长""自己写的报告出现很多错误",等等。

我认为,个人类型问题 90% 都能在 70 分钟之内解决,从下一章开始,我会以这类问题为中心,具体讲解解决方法。

第二类:涉及其他部门的问题

这类问题需要其他部门共同协助或必须取得其他部门同意才能得到解决。

例如,一款新型服务项目发布后,系统突然出现问题,这时就需要联合宣传、法务等其他相关部门,共同协助解决问题。

这类问题单凭个人努力无论如何也难以解决,只能请求其他部门的协助。因此这类问题无法在 70 分钟之内解决。

通常,解决这类问题的时间最好控制在"3 天"之内。关于具体的解决方法我将在第 4 章进行讲解。

第三类：涉及整个公司经营管理的问题

这类问题通常与整个公司息息相关，如"公司员工的满意度整体下降""市场份额被同行业公司抢占，销售业绩持续低迷，已经威胁到公司存亡"，等等。这类问题原因错综复杂，相关责任人众多，用普通方法很难解决，因此解决这类棘手问题的期限最好设定为"3个月"。关于此类问题的解决方法我将在第5章进行讲解。

● **为什么很多人都不会解决问题**

在软银与雅虎做培训时,我发现总会有一定比例的人很难掌握解决问题的技巧。

于是,在培训时,我会特别观察这些人的思维模式,也会直接对他们进行采访。然后,我又在培训班上对他们演练时提交的学习成果反复进行验证,同样的验证我在雅虎研讨会上进行过100次以上,在软银也进行过50次左右。

最终,我发现,那些无法掌握问题解决技巧、总是需要花费很长时间去解决问题的人,通常都有一个共同点。

那就是"他们无法摆脱固有的思维模式,总是基于自己过去的经验来判断事物"。

也就是说,他们过于经验主义。

这种过度依赖过往经验的人,一旦遇到他们以前从未遇到过的问题,思维就会停滞不前。

2008年发生的雷曼事件就是一个很好的例子。

美国投资银行雷曼兄弟破产后,引发了严重的全球性金融危机。

当时,这场金融危机被称作"雷曼危机"。

相信很多人对那时的情景还历历在目。突然遭遇失业打击的员工抱着纸箱离开公司的镜头每天都在电视新闻中反复播放，给人留下深刻印象。雷曼危机的影响同样也波及日本，日经平均指数大幅下降，同时日元汇率飙升，很多出口企业备受打击，因为它们出口越多，利润越少。

于是，很多日本企业开始向海外发展。

如此一来，日本国内的工作机会骤减，大量企业破产或不得不缩小规模，这也直接导致失业率上升。面对这种前所未有的危机局面，很多人完全不知该如何应对，最终只能陷入绝望。

我并不是说经验主义一定没有用武之地。

不过，过去的经验或见解只能解决与过去经验相类似的问题。

随着IT技术的不断进步，我们即将进入一个全新的世界，没有人知道未来的样子。如果还一味拘泥于自己过去的成功经验不肯自拔，那么可能有些言重，不过这样的人最好提高一下自己的危机意识，不然的话未来他必将遭到淘汰。

● 广为流传的两大误解

我想请大家回忆一下,以往当你遇到问题时,会花多长时间来思考解决方案?

很多人都会对这一点产生误解。事实上,在思考解决方案上所花费的时间与解决问题的质量并不成正比。

我会在后面的章节里进行详细解释,在此我先简单介绍一下。我的倍速问题解决法主要分 4 个步骤,其中之一就是思考解决方案。

而花在思考解决方案上的时间大约是 10 分钟。最长不超过 15 分钟。

只要精神集中,想要找出问题的解决方案并不需要太长时间。

其实,精神越集中,越容易想出绝妙的点子。

关于问题的解决方案还有一点也经常被人误解。

那就是解决方案必须要 100% 完美。

工作不同于学校的测验,未必会有"正确答案"。

有时候实施 A 方案可能会奏效,但有时候由于实际情况不同,责任人也不同,同样是 A 方案,实施起来可能就会失败。

那么,怎样才算是值得一试的"好方案"呢?我认为它必须具备两个条件。

第一个条件是速度。

与其花很长时间去想一个100分的完美方案，不如找一个虽然只有70分但却可以迅速实施的方案。这一点非常重要。太过谨慎，必定会导致速度放缓。

而在工作现场，如果速度跟不上，同样的问题解决起来就会越发困难。

首先，速度第一，一定要寻找可以迅速执行的解决方案，即使失败，只要在第一时间及时作出修正就没有问题。

看到这里，可能有人会说："当今这个时代，如果不提交一份100分的方案，会不会冒很大风险？"

的确，如果失败，很可能需要重新返工，那就会造成时间的浪费。

不过，我刚刚也讲过，工作不同于学校的测验，它没有"正确答案"。因此，根本没有人知道100分的评判标准是什么。

正确来讲，压根就没有人能够对此进行评判。

以我的经验来看，只要能在第一时间及早纠正，那返工所耗费的时间几乎可以忽略不计。

因此，不要一味花时间去摸索100分的解决方案，只要觉得"这个方案能有70分，大概行得通"，就应该马上付诸实施。

本书所介绍的倍速问题解决法也并不能帮你推导出100

分的解决方案，我们的目标是要用世界上最快的速度找到70分以上的解决方案，并付诸实施。

当然，如果你能用世界上最快的速度找出接近100分的方案，肯定更为理想。

下面我们来看第二个条件，必须要对解决方案有认同感。

在找出解决方案并确定执行顺序时，如果你内心无法真正认同，那以后执行起来就会非常困难。

如果无法拥有这种"认同感"，你的脑海中就会不停地浮现出一个问题："为什么非得这样做不可？"这样一来，执行力就会大打折扣。

很多人可能不太理解"认同感"这个词是什么意思，关于这一点，我将在第2章里进行详细讲解。

在此，我希望大家先记住一点：判断一个方案的好坏，必须具备两个条件，一是"速度"，二是"认同感"。

第 1 章 "超高速"问题解决法全公开

● **解决问题 100% 靠的是技巧！与天赋无关**

"解决问题的能力很大程度上取决于先天资质，我可不行……"

很多人可能一开始就这样否定了自己。

还有很多人认为：要想掌握解决问题的能力，就必须得去外资的咨询公司工作。

其实，这些想法都是完全错误的。

我在雅虎内部开办的培训班里，也接收很多来自银行、制药公司或服装公司等其他企业的学员。

到目前为止，已经有来自 70 多家公司数百名学员接受过我的培训。

这些学员可能都是从各自公司里选拔出来的优秀员工，但是说实话，他们刚来的时候，几乎没有一个人具备解决问题的能力。

从公司名称来看，他们大多来自相当知名的企业。

在别人眼中，他们无疑都属于职场精英。可即便如此，他们还是不太会解决问题。

可能是因为"解决问题的能力"这个词流传得太久，因此越来越多的人误以为能够解决问题是一种与生俱来的能力。但事实上，能不能解决问题与你是否聪明、有无天赋都毫无关系。

解决问题是一种方法论，100% 靠的是技巧。

因此，只要认真学习，每个人都能逐渐掌握这种技巧。

不过，以前我也曾走过一大段弯路。如果学习方法不对，就很难正确掌握解决问题的技巧，或者掌握起来也需要比别人付出更多的时间。

我们一定要学习正确的方法。

这一点非常关键，这也是学会解决问题的一条捷径。

从下一章开始，我将详细为大家讲解工作中解决问题的倍速方法。

第2章

快速完成"四个步骤"

● 99% 的人容易陷入的误区

遇到问题时,你脑海中最先想到的是什么?

99% 没有掌握解决问题技巧的人都会回答——

"要如何解决这个问题?"

可能很多人认为,遇到问题后,第一步就应该去思考解决问题的方案。

可是,如果你一上来就这么想的话,可能根本无法解决问题。

为什么这么说呢?为了便于理解,我想请大家先看一道题。

这道题需要快速回答,请不要思考太长时间。

【题目】

你的同事 A 过来跟你说:"我的头好疼。"请问,这时你会对他说什么?

请在以下 3 个答案中做出选择。

> （1）"为什么疼?"
> （2）"要不要去趟医院?"
> （3）"要不要吃点药?"

每次培训时，第一节课开始我都会问学员这个问题。

通过这道题的答案，我基本上就能判断出一个人是否具备解决问题的基本技巧。

那么，你的答案是什么呢?

如果你选择的是"为什么疼?"，恭喜你，至少在现阶段你已经具备了一定的解决问题技巧。

至于选择"要不要去趟医院?"和"要不要吃点药?"的人，很遗憾，现阶段你还不具备任何解决问题的技巧。

下面我来解释一下为什么我会如此判断。

首先，关于同事 A 头疼的原因，我们可以有如下几种假设。

①昨天部门聚餐时喝多了，宿醉导致头疼。

②在公司里被领导训斥了一顿，烦恼导致头疼。

③数据分析的工作十分辛苦，用脑过度导致头疼。

④昨天在家里不小心摔了一跤，脑袋撞到墙壁导致头疼。

⑤原本就有偏头痛的毛病，旧病复发导致头疼。

如果他是因为宿醉而头疼，那么喝点水，过一会儿疼痛就会慢慢消失。

如果是跟领导处不好，或是因为其他人际关系而苦恼，那可以跟同事发发牢骚，或者去卡拉 OK 放松一下，压力缓解之后，头就不疼了。

如果是用脑过度导致头疼，那么稍微休息一下就好。

如果是摔跤的时候磕到头部，那就需要去医院检查。

如果原本就有偏头痛的毛病，可以吃点自己的常备药。

我们心里其实都明白，针对头疼的不同原因，必须拿出不同的解决方案。然而，一旦问题摆在面前，很多人就会直接跳到寻找方案那一步，而忘记先要分析原因。

"要不要去趟医院？""要不要吃点药？"，等等，这些答案其实就体现出了这个问题。

在雅虎公司的"SV 研究会"里，几乎所有学员都会犯这个错误。他们一旦遇到问题，第一反应就是要立即寻找解决方案。

通过不同的案例分析，这个问题一目了然。

每次我让学员们在纸上记录自己的学习成果时，都会看到"问题""解决方案"等字样，可是"原因"这个词却几乎从来没有出现过。

那么，怎样才能避免这个错误呢？那就是，在遇到问题时，你必须先停下来，想一想。

遇到问题时,首先思考原因

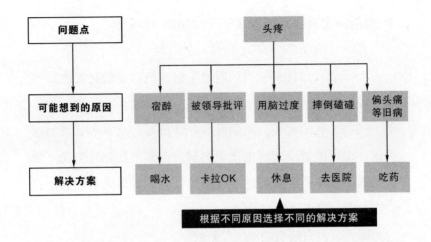

也许有人会认为,我一直在强调"高速度"很重要,现在却要停下来,这不是自相矛盾吗?其实,要想快速解决问题,关键就在于遇到问题时必须先停下来,好好思考一下问题的原因。

● 能否快速解决问题取决于"最初的 10 分钟"

上一节我们讲到,当问题发生时,最重要的是要先停下来,好好思考一下问题的原因。

问题出现的时候,初期反应非常重要。第一步如果判断失误,很可能就会制订出错误的解决方案。如此非但无法解决问题,往往还会使问题变得更复杂,或者需要不断返工,最终,白白浪费了很多时间。

而且,白白浪费的不仅仅是时间。

还有很多精力和心血。

停下来想一想的时间,大约是 10 分钟。

毫不夸张地说,遇到问题后能否快速解决,90% 以上取决于最初的 10 分钟。

一听说速度很重要,有些人可能就会凭着一股心气,不管不顾地行动起来,还有些人可能会像上一节提到的那样,凭借自己以往的经验盲目采取措施。

有时候,如果碰巧这个问题本身并不复杂,或者由于运气好,他们的确能够解决一些麻烦。但是一旦碰到重大项目中出现的问题,或是问题本身错综复杂的话,他们就会立刻束手无策。

按照正确的步骤，迅速推导出一个 70 分以上的解决方案并立即实施，与一拍脑袋想到什么就做什么有着天壤之别。

这是一个很多人都容易掉入的陷阱，请大家一定要特别注意。

那么，遇到问题后，在最初的 10 分钟内究竟应该做些什么呢？

我将在下一节进行讲解。

● 快速完成"四个步骤"

要知道,所有的问题肯定都能找到原因。

只是有时候原因不那么明显,于是你的大脑会陷入混乱,觉得这也不对,那也不对。

当你的大脑还处于一团混乱、思绪不清时,如果你抱着"虽然不清楚原因,但不管怎样,先这样试试"的念头,盲目采取行动,那最终,问题往往得不到解决。

尽管有时候,过去的成功经验可能会帮你解决一些麻烦,但每个问题的情况不同,很多时候,环境、相关人员、条件都会发生变化,随着问题的增加,你会发现,如果总是按照过去的经验去处理问题,那失败的案例无疑会越来越多。

首先,你必须一一厘清令自己头脑混乱的原因。

而且重要的是,你必须要找出所有可能引发问题的原因。

搞清楚所有问题点后,只要按照解决问题的步骤逐一应对,就一定能够彻底解决问题。

那么,具体应该怎样做呢?无论遇到什么问题,你只需在70分钟之内,严格执行我接下来要介绍的4个步骤,就可以顺利解决问题。

这4个步骤是一个完整的体系,是我在实际工作中不断实践、不断试错并逐步摸索总结出来的。此外，我在软银及雅虎对 1500 多名学员进行过培训，在这一过程中，我又对这套体系进行了反复修正，以便每位学员都能容易掌握。

因此正在阅读本书的各位读者，相信你们肯定也能轻松掌握。

倍速问题解决法的四大步骤详见下页。

倍速问题解决法的四个步骤

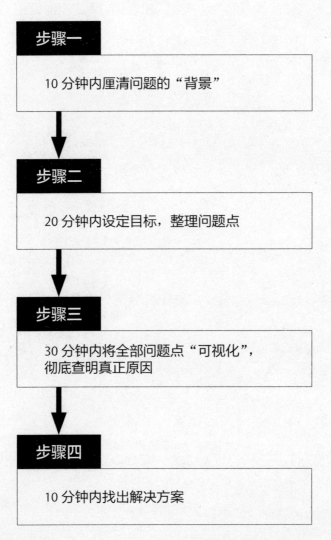

△步骤一　10分钟内厘清问题的"背景"▲

步骤一所需时间为10分钟,这也是70分钟内最初的10分钟。本节将主要介绍这10分钟内的具体做法。

第1步　"正确"发现"眼前的问题"

对于那些毕业后刚刚踏入职场没多久的新员工来说,可能很多人压根就不清楚什么才算问题。他们还处于拼命学习业务基础的阶段,因此根本无从分辨好坏,甚至连什么是正常、什么是异常都无法区分。

因此,在公司里,即使他们能够隐隐约约地觉察到"这里可能有问题吧?",可是由于他们无法明确地看出什么是问题,也就无法真正地发现问题。

如此看来,在问题本身并未暴露的阶段,我们的首要目标是要能够"可视化"。

具体的做法就是要学习如何判断什么是好的,什么是坏的。

例如,你可以对其他同行业公司进行分析,也可以充分地去了解自己公司的服务项目。此外,你还可以去参观其他公司,或是订阅其他人都在看的商务书籍或浏览相关网站等等。

你必须能够自己设想出什么才是"应有的状态",否则,你就无法真正发现问题之所在。

如果你是一名新员工,不妨单刀直入地向老员工或是上司提问："我应该解决的问题是什么？"这也不失为发现问题的一种方法。

此外，你还可以与同期入职的员工或其他同事一起讨论应该解决的问题，这种讨论也会很有效。

通过不断的学习以及与周围人的讨论，你会发现你开始能够意识到"也许这就是应有的状态"，或是"这就是问题之所在"，虽然还不那么清晰，但你已经能够一点点地发现问题了。

另一方面，可能有些人会认为"不就是问题嘛，我早就已经发现了"。

然而，有这种想法的人，他们是否"真的"已经发现问题了吗？

我们来看一道题。

十字路口都设有车用信号灯（横向），请问其中的红灯位于信号灯的左侧、中间还是右侧？

本来这道题即使所有人都答对也不足为奇，可是，在我的培训班里，这道题的正确率只有50%。有一半的学员没有答对。

众所周知，日本的道路是靠左行驶的。

在道路的左侧种植着很多行道树。这样一来，如果红灯位于左侧，就很容易被行道树的枝杈挡住。而对于开车的司机来说，看不到红灯是最为危险的。

因此，红灯应该位于最醒目的位置，也就是最右侧。

我们再来看一道同样类型的题目。

第2章 快速完成"四个步骤"

请问，100日元硬币正面的图案是什么？

顺便提醒大家一下，有图案的那一面才是硬币的正面。

我的学员们在回答这道题目时，正确率只有10%。

这道题的正确答案是"樱花"，虽然也有一些学员能够回答出"菊花"或是"紫藤花"之类花朵的名称，但这样的学员只占极少数。有些学员甚至回答道，"我觉得是片叶子！""好像是朵西蓝花。"

100日元硬币在我们的生活中十分常见。在自动售货机上买瓶饮料，或是在超市、便利店以及餐厅里付款时都会用到它。

总之，我们每天都会看到它，接触它。而且，自1967年以后，硬币的图案就没再出现任何变化，也就是说，同样图案的100日元硬币我们已经连续使用了很多年。

然而，有意思的是，当被问到"100日元硬币正面的图案是什么"时，很多人都回答不出来。虽然我们每天都会见到它，接触它，但实际上我们并没有真正地注意到它。

至于为什么没有真正注意到它，主要是因为我们对它毫不"关注"。

如果对一个问题毫不关注，那无论过多久，我们也不会注意到它。

就连每天都会接触的100日元硬币我们都不了

解，更何况自己的工作。如果无法真正关注自己的工作，就绝不可能发现问题。

而且，越是"不会影响到你的问题"，就越难发现。

问题明明就摆在面前你却意识不到，这种情况在工作中时常发生。

一线岗位上可能存在不计其数的问题，为什么你发现不了？原因很简单，就是因为你缺乏关注。

前文的题目中问的是100日元硬币的图案，即使不知道答案也不会对你的日常生活造成多大影响。

可是，在工作场合发生的问题通常会给一线员工带来巨大的麻烦。

尤其是那些原本没有影响到你的问题，很容易被放置在一边。而放置不理的结果极有可能导致问题忽然表面化、复杂化，最终变成一个不得不立刻解决的严重问题。

从这个意义上来讲，我希望每个人都能在自己心里竖一根长长的天线，有意识地审视一下现场的工作环境，看看是否能够从中发现问题。

● **注意!**

> 我们身边的工作环境中存在大量问题，只是你还没有发现而已。如果对工作毫不关注，即使问题摆在面前你也肯定意识不到。尤其是那些不会影响到你的问题，更加难以察觉。

第2步 "善于发现问题的人"如何观察事物

当你用心观察事物时,一切问题都会变得清晰可见。

我来举一个例子。

一位部门负责人曾经来找我咨询一个问题,他们部门每天早上要开晨会,他跟我说:"每天晨会的时候,都有一些通知要传达给大家,为了方便以后确认,我会把晨会上讲的内容全都打印下来贴在白板上。可是从来没有人仔细看过这块白板……"

我只给他提了一个建议。

"首先,你自己必须用心对待这块白板!"

仔细观察过白板以后,这位负责人找出以下几个他一直没有意识到的问题,其实这些问题正是造成他困扰的原因。

①白板上贴的内容过多,难以分辨哪条信息比较重要。

②许多以前的信息没有清理,难以分辨白板上的哪条信息是最新的。

③白板的位置比较偏僻,并没有放置在员工们的必经通道上。

④白板上的内容不够简洁明了,员工难以迅速理解。

⑤有些文字的字号太小,字体又不统一,员工阅读起来十分吃力。

于是,这位负责人调整了白板的位置,将它摆到员工的必经通道上,又对白板上贴的文字从版式到内容都进行严格把关,尽力方便员工阅读。

实际上他做的工作并没有很多,但员工们对通知的关注度越来越高,白板的阅读人数也有了明显增长。

如果你自己不用心观察的话,那么无论过多久都不会发现问题。

尤其是那些对你来说基本不会受到影响的问题,如果你不用心的话,甚至根本意识不到那竟然也是问题。

● **注意!**

> 找到一个你感兴趣的问题点,充分联想与之相关的事物。

第3步 坚决摒弃"固定观念"与"成见"

遇到问题时,如果头脑中充满固定观念与成见,那制订出的解决方案往往容易出现偏差,最终导致失败。下面我再结合一道题来进行具体分析。

【题目】

一位父亲领着自己的儿子出门。父亲一不留神,儿子跑到马路上,结果遭遇了车祸。事故发生后,父亲急忙叫来救护车,父子俩一起被送到医院。到达

> 医院后，急诊科里走出一名外科医生，这名医生一见到孩子，不由得高声惊呼：
> "我的儿子怎么了！"
>
> ---
>
> 请问，这名外科医生究竟是什么人？

如果你瞬间就能想出答案，说明你能直接捕捉到问题要点，没有被成见或固定观念所束缚。而那些认为"这个孩子是不是有两位父亲？"的人，平时在观察事物时，可能会不知不觉地戴上有色眼镜。

这道题的答案是：外科医生是孩子的母亲。

如果你的脑海中已经认定外科医生必须得是男性，肯定会觉得不可思议：咦……为什么他会有两位父亲？

头脑中一直抱有固定观念与成见，就很难看到事物的本质。这样一来，当你面对问题时，往往难以做出正确判断。

职场中也会遇到同样的问题。举例来讲，假如领导认为销售员外出开发客户的次数太少，而刚好部门的销售业绩又没有达标的话，他就很容易把问题原因归结到销售员外出跑业务的次数上。一旦有了这种先入为主的念头，即使业绩不达标的理由还有很多，他也只会认定问题就出在销售员跑业务的次数上。

怎样才能突破观念与成见看待问题呢?关键在于遇到问题时先要停下来想一想,"真是这样的吗?""我在判断时有没有带着成见?"

● **注意!**

> 遇到问题时,首先要仔细观察这个问题,观察的角度一定要客观,不带有任何固定观念或成见。

事例 如何将每天的工作效率提高 2 倍以上

我想给大家介绍一个实例。这是我在工作中实际遇到过的一个问题。我想通过这个例子让大家了解到摒弃成见与固定观念有多么重要。

以前,曾经有位部门领导来找我咨询,他们部门的主要工作是处理客户发来的问询邮件。

每天,每位员工能处理大约 20 封客户邮件。尽管员工们工作很认真,业务能力也越来越熟练,但他们的工作效率却一直没有提高。

而且,不仅效率没有提高,错误的发生频率反而增加了不少,有时甚至还会出现业务停滞的现象。

对此,我首先询问了部门领导的意见。

我问道:"员工们的经验越来越丰富,可是工作效率却并没有提高，而且工作中的失误还越来越多，请问您认为原因主要出在什么地方呢？"

他回答说："我觉得可能是因为客户的问题难度较大，处理起来比较困难……"

不过，我觉得"问题难度大"可能是这位领导的主观臆断，真正的问题他应该还没有看到。于是，我仔细观察了一下他们部门的工作情况。经过一天的观察，我发现真正的问题在于"员工的工作疲劳"。我又对照工作数据进行了确认，果然，每天下午4点以后，工作效率就会急剧下降。

找出问题后，我提出一个解决方案——让所有员工下午4点左右做5分钟体操。听到这个方案后，部门领导简直当场惊呆了，他十分怀疑地望着我，那个表情令我至今难忘。

不过，几个星期后，事情发生了戏剧性的转变。员工们的工作效率平均每天提高了2倍以上。

如果解决问题的思路一直卡在"客户的问题难度比较大"上面，恐怕这个问题至今仍无法得到解决。

△步骤二　20分钟内设定目标，整理问题点▲

步骤2所需时间为20分钟，主要用于设定目标。本节将详细讲解"为什么要设定目标？"以及"解决问题里的'问题'究竟指的是什么?"。

第1步 问题的3种类型

如何正确看待问题实际上非常关键。

之所以这么说,是因为问题数量庞大,而且往往同时发生,因此我们必须要考虑解决问题的先后顺序。

个人能够解决的问题其实也分很多种类型。

例如:"销售业绩无法达到预定目标""数据低于预期",等等,这些都属于已经表面化的问题。

此外还有一些问题,虽然暂时尚未表面化,但已经能够让人隐约感受到一点端倪,例如,员工忽然开始频繁请假,几天后提出辞职等。

毫不夸张地说,只要你能找出哪些问题是必须解决的,就已经解决了问题的一大半。

我认为,个人类型的问题可以分为3大类。

第1类:已显露出的问题

例如,有一名销售员,他的任务是要在1个月内走访100位客户,但到了月底,他只走访了80位,距离目标相差很远,这就属于已显露出的问题。他的实际完成数量比目标少20个,问题明显可见。

稍后我会详细讲解解决问题的方法,只要参考这些方法去做,这一类问题就不难解决。

因为,你已经知道问题在哪儿,只是还不清楚造成这一问题的原因是什么。只要能把问题原因一一厘清，并使之可视化，问题就不难解决。

第2类：已出现一定征兆但尚未表面化的问题

例如，员工们虽然每天都来上班，但最近大家气色很差，工作起来一点活力都没有，第二天似乎就会有好几个人请假。这就属于第2类问题。

要解决这类问题，可以先设定几个与整个部门或整个公司相关的问题点让大家讨论，通过讨论，真正的问题就会浮现出来。只要问题能够表面化，就又变成了第1类问题，那么按照我们将要学习的方法去做，这类问题也能得到解决。

第3类：未来可能会发生的问题

例如，"10年后，日本会变成什么样子？""我想开发一些新产品或新服务，但不知道今后什么样的产品会畅销？"或者"不知道哪种新型服务项目会流行起来？"等，这些关于未来的问题都属于第3类问题。

对于这种完全无法预知的问题，有些人也想通过普通的问题解决法去尝试解决。

的确，如果连那些尚无法预见的问题都能用这套方法来解决的话，确实非常方便，但是我希望，大家最好不要用这套方法去解决那些未来才可能发生的问题。

这是因为，要解决那些无法可视化的问题，重点不在于查明原因，它更需要用到其他一些技巧，如想象力、设计思维与创新能力等。

苹果公司的产品 iPhone 就是一个很好的例子。iPhone 不仅能上网，还可以听音乐、拍照，同时具备所有手机的功能。这个划时代的产品甫一问世便立即风靡全球，它完全颠覆了以往人们对手机的认知。

那么在 iPhone 诞生前，苹果公司有没有对当时手机普遍存在的问题进行过原因分析呢？我认为没有。

如果把现实可见的问题与未来难以预测的问题混为一谈，那这种讨论就会令人摸不着头脑。

本书中将要介绍的问题解决法针对的只是那些可以进行原因分析的问题。这些问题有的已经完全显露出来，有的虽然尚未完全显露，但也已经出现一定征兆。

● **注意！**

> 本书中的问题解决法只适用于那些已完全显露或已出现一定征兆的问题，对于未来可能会发生但目前尚无法预测的问题应该用其他办法解决。

第 2 步　所谓问题，其实就是目标与现实的落差

问题其实就是理想状态与现实的落差。

而所谓的理想状态指的就是目标。

请你先尝试建立起这样的概念：目标就是你想达到的理想状态。

如果我们只讨论企业内部可能会发生的问题，那就必须要明确目标是什么。因为每个企业都肯定会有一个目标。

目标就是我们的目的地，如果没有明确的目标，空谈解决方案，肯定难以成功。因为这就像乘坐一辆没有标明终点站的公交车，你还不知道去什么地方，车就已经开始启动。而你周围的相关人员也会由于不清楚目标而白忙一场。

相反，如果目标明确，人们就会为了达成目标而朝着同一方向不断努力。

那么，怎样才算是理想的状态呢？

大多数公司的通行做法是，根据部门领导的意志来确定何为理想状态。

如果部门领导没有明确的意见，那就应该根据部门目标、远景、任务、公司内部情况以及过去的数据等来思考何为理想状态。

有一点特别需要注意的是，你所设定的目标必须能够实现。如果设定的目标根本无法实现，那么也就失去了目标的意义。

不知道为什么，很多职场中的人士一遇到问题就忘记了目标，眼里只看得到现实。

我举一个具体的例子来作说明。

假设现在的问题是"销售额无法提高"。

首先,这是一个问题吗?

它看上去的确很像一个问题。不过,我们目前还无法确定。因为,我刚刚也讲到,问题是指理想状态与现实之间的落差。

"问题"就是理想状态与现实之间的落差

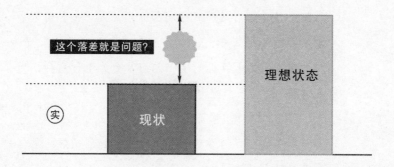

那么,如果已知销售额的目标是每个月15亿日元,那"销售额无法提高"可以算是一个问题了吗?

我们仍然无法明确这一点。因为我们还不知道现实情况如何。

在不了解现状的情况下是无法真正解决问题的。

现在,假设每个月销售额的目标是15亿日元。

而这个月实际的销售额是12亿日元。

那么,现在的问题是什么呢?

问题是目标与现实之间的落差,因此"销售额与目标相差 3 亿日元"就是目前存在的问题。

造成销售额与目标相差 3 亿日元的原因多种多样，如"用户数减少""降价导致商品的单价大幅降低""推出的广告尚未得到观众认可，无法刺激销量"以及"涨价导致销售数量大幅减少"，等等。

严格来讲，"问题"与"原因"属于层级结构的关系，如果一个原因下面还有另外一个原因，那么这个原因也算是问题。

不过，现阶段，我希望大家先记住一点：所谓问题，就是理想状态（目标）与现实之间的落差，只要有问题就必定能够找到原因。

● 注意！

> 问题就是理想状态与现实之间的落差。

第 3 步　如果不能设定"正确目标"，就永远无法解决问题

在设定目标时，有一点需要特别注意。

那就是，如果目标不正确，即使设定好目标，也未必能够解决问题。

那么，什么是错误的目标呢？

我们再来看一道题。

> **【题目】**
>
> 下面这个目标是否正确?
>
> 员工每天加班到很晚,领导认为加班时间过长是一个急待解决的问题,于是,他想先设定一个目标。经过认真思考,他提出的目标为"努力削减加班时间,实现工作与个人生活兼顾"。
>
> 请用 YES 或 NO 来回答。

这个内容本身并没有错,所以把它作为一个目标似乎也没什么不妥。

因此,很多人都会设定出这样的目标。

然而,设定这种目标是错误的。

因为这种目标根本不可能实现。

错误的目标通常都有三个共通的问题。

问题1:不知道应何时完成(期限不明确)。

问题2:不知道行动主体是谁(主语不明确)。

问题3:目标内容过于抽象,令人很难把握(内容不明确)。

只要符合其中任何一点,就不能称其为"正确目标"，如果目标不正确，那么就根本无法解决问题，因此一定要特别注意。

刚才那道题里的目标是"努力削减加班时间，实现工作与个人生活兼顾"，这个目标就不知道应该在多长时间之内完成，也不知道努力的主体是谁。

另外，具体怎样做才算实现工作与个人生活兼顾，这一点也不明确，因此很难称其为正确目标。

● 注意！

> 设定目标必须满足3个必要条件，即期限、行动主体与具体内容。

第4步 设定目标的3大秘诀

那么，如何设定正确目标呢？

只要避免出现错误目标中的问题就可以。

设定目标时有3大秘诀。

秘诀1：明确期限，要了解目标必须"何时达成"

设定目标，必须明确期限。一个目标需要在3天之内达成还是1个月之内达成？这个时间必须明确。

很多人一遇到问题就想不起要设定解决期限，因此我们在设定目标时，必须要弄清楚需要"何时达成"。

如果没有明确的期限，问题就很可能被无限期延后。

前面我也讲过，解决问题必须争分夺秒。

如今这个时代已经不允许我们在解决问题上花费太长

时间。

我们必须先明确期限,然后全力争取在期限内把问题解决。

另外,设定期限时还要注意,不要使用"争取尽早解决"之类的表达方式,模糊不清的表达很可能导致问题被延后处理。

当然,如果问题很简单,明确期限也不会太困难。不过,如果是像我们后文中提到的那些会涉及公司经营管理方面的复杂问题,就很难预先设定一个明确期限。这种情况下,可以等到想出解决方案以后再明确目标达成的期限。

秘诀2:明确行动主体

也就是要明确"主语",必须弄清楚究竟由谁来做这件事情。

例如"我以为小A会做这项工作""我以为小B会做的",如果每个人都如此推托搪塞,那么毫无疑问,最终这项工作就不会有人去做。

明确行动主体就可以明确责任所在。

设定目标时一定要确认是否已经明确行动主体。

在处理一些比较复杂的问题时,由于涉及的人员众多,有时很难确定由谁负责执行比较好,这时可以像第1条秘诀一样,等到想出具体的解决方案以后再明确执行人。

秘诀3:内容一定要具体

刚才我们举过一个错误目标的例子——"实现工作与个人生活兼顾"。

乍看起来,这个目标似乎很正确,但怎样才算"实现工作与个人生活兼顾"呢?具体的内容完全不明确。

因此,设定目标时必须做到让每一个人都能清楚地了解"应该达到怎样的状态"。

有一个窍门能够帮助你将内容变得更加具体,就是尽量多用"数值"进行表述。

例如,有些词汇就不适宜出现在目标中。

● 【不适宜出现在目标中的词汇】

> "稍微增加""稍微减少""少""多""相当""低廉""很多""高""低"

你可以对照检查一下自己完成的报告、企划书或邮件,看看有没有用到这些词汇。

例如:听到"苹果很多"这个信息后,每个人对数量的理解都不尽相同,有些人会认为"很多"可能是指"3个以上",而有些人会认为是"30个"甚至"100个"。

也就是说,由于每个人评断的标尺不同,那些"模糊不清的词汇"无法令所有人产生共同的认知。

如果目标设定为"将加班时间控制在20小时之

内",那对每个人来说时间都是一样的。

所有人都能用同一标准进行判断。

因此,刚才那道题里的目标如果修改为"3个月之内,部门所有员工都将加班时间控制在月均20小时之内",就会变成一个明确的目标。

这里,我向大家介绍几个关键词,来帮助大家练习用数字表述目标。

● 【用数字进行表述的关键词】

> "销售额""个数""市场占有率""与去年相比""单价""成本""费用""工时""人数""效率""交货期""期限""顺序"

当这些词汇出现时,请尽量用具体的数字进行表述。

我们来做一个练习,请尝试用数值来表述以下句子。

"能够令成本更为低廉。"

"低廉"这个词的确非常方便,不过价格多少才算低廉呢?对于这一点,不同的人认知差距会非常大。

有些人觉得100元才算低廉,然而也有些人会觉得1万元也算低廉。

在这种情况下,我们应避免使用那些会带来认知差异的词汇。正确的做法是用数值来表述,如"能够将成本削减××元"。

能够数值化的内容尽量用数字来表述,表达方式要具体,而且必须让每个人都能用同一标准来理解。

这一点做起来并不困难,因此在日常工作中处理各种邮件以及撰写企划书、建议以及报告时,请一定尝试尽量多用数字进行表述。

● 注意!

"设定正确目标"可以大幅缩减解决问题所需要的时间。

第5步 快速收集"必要信息"

随着网络技术不断发展,科技越来越进步,人们每天接收到的信息量与从前相比已经不可同日而语。因此,我们越来越难以对信息进行甄别,很难判断哪些信息是对自己有用的,哪些信息是非常重要的。

而想要找出全部问题点就必须得收集必要信息,也就是说,必须得抓住那些有价值的信息。如何才能快速收集这些信息呢?

我们可以通过多种方式收集信息,如翻阅公司的内部资料;从网上搜索相关内容;询问同事、领导、老员工或其他部门的员工;还可以通过报纸、杂志、书籍以及过去的相关数据等来收集信息。

如何从众多信息中找出有价值的内容呢?你可以尝试以下6种方法。

收集信息的方法1:问询调查

问询调查是指听取相关人员的意见，即采访当事人。

采访的内容主要是询问领导以及一线工作的员工等相关人员遇到什么困难，这种方法实践起来很容易上手。

不过，询问人数与询问方式的差异会带来截然不同的结果。也就是说，这种方法非常考验采访者的询问技巧与知识储备。

问询调查时需要注意以下三点：

①询问时不要漏掉重要信息。在倾听时必须时刻保持警觉，不断思考什么样的内容会带来重大影响。

②不要只收集自己想了解的信息。在询问时，人们很容易只关注自己想了解的内容，不过问询的重点是要掌握所有必要的信息，要找出所有问题点。

③通过问询调查收集到的内容必须与客观数据进行对比，这样才有可能找到有价值的信息。

收集信息的方法2：行动观察

亲自到出现问题的现场去观察一天或几天，主要观察现场工作人员的实际工作状态。在观察过程中，要贴近被观察者，对他们的作业流程与作业时间逐一进行观测并记录在案。这种观察可以排除相关人员的主观意见，也可以获得一些现场员工自己意识不到的信息，可以说是一种非常有效的手段。

收集信息的方法3：运转分析

即所谓的"工作抽样"。这种方法与方法2介绍的行动观察有点类似。

工作抽样需要提前设定好观测的时间点,并将作业内容列好清单。

然后,逐项对照检查该时间段内被观察对象的工作情况并做好记录。因为这种方法需要对每一瞬间逐一进行观察,因此又被称作"瞬间观测法"。

另外,也可以请被观察对象自己记录每个时段的工作内容并进行汇报。

收集信息的方法4:头脑风暴

头脑风暴,顾名思义,就是要在头脑里掀起一场风暴。

这种方法需要几个人聚在一起畅所欲言,在观点碰撞中寻求更好的方案。

目前很多公司在开会时都会进行头脑风暴。

进行头脑风暴时必须注意三个"不要"。

对大家提出的意见"不要批判""不要议论""不要进行复杂的解析"。能够做到这三个"不要",就能够收集到更多意见。

相反,如果对提出的意见进行批判、议论或复杂的解析,就会打击大家发言的积极性。

虽然头脑风暴最适合几个人一起做,不过一个人也并非无法进行。

人数多的时候的确可以收集更多的想法,不过2

小时左右的头脑风暴至多也就能收集 40~50 条意见而已。

头脑风暴的弱点在于大家不讨论，只是不断提出自己的想法，因此很容易混进一些由误解产生的信息或是一些错误信息。

想要通过头脑风暴来寻找问题点时，务必要当心这一点。

收集信息的方法 5：问卷调查

当我成立问题解决小组去解决问题时，通常会事先通过调查问卷让每位组员列出 3 个可能会导致问题的原因。不过，这种方法虽然操作简便，但却难以获取深度信息，因此最好与其他方法一起结合使用。

收集信息的方法 6：问题分析

这种方法可以独自一人进行，也可以几人共同完成。主要是利用双向提问法来分析问题原因。我将在步骤三中具体讲解双向提问法。

独自一人进行问题分析时，需要采取自问自答的形式，如果几个人一起分析，可以一边讨论一边收集信息。如果需要讨论涉及整个公司的重大问题，那么组织一个 15 人的小组会比较容易找出所有问题点。

我们可以通过任何一种方法来收集信息，不过要想最快、最广泛、最准确地收集信息，利用问题分析法最为有效，因为这种方法可以通过充分讨论找出所有问题点，从而制订出最有价值的解决方案。

快速收集信息的 6 种方法

	方法	内容	优点	缺点	信息收集的效果
1	问询调查	与相关人员面对面听取信息	・操作简便 ・能够观察对方的情绪	・如果不具备采访技巧,很难收集到有价值的信息	良好
2	行动观察	观察并记录员工无意识的行动	・可以进行客观评定,不受其他主观意见影响	・获取到的信息可能会有局限	良好
3	运转分析	用一天或更长的时间测定员工和机器设备在执行每项作业时所花费的时间	・容易观测 ・便于数值化,有利于快速寻找解决方案	・无法掌握不可测量的信息 ・并不适合深度分析	良好
4	头脑风暴	与会者就同一主题发表不同意见	・可以接触到独自一人难以发现的观点	・能收集到的信息至多 40~50 条 ・容易受到发言积极者的影响	一般
5	问卷调查	向多人询问同样的问题,之后总结出答案	・可以从多位受访者处获取信息	・难以获取深度信息	良好
6	问题分析	通过讨论,吸收与会者的知识与经验	・可以收集大量的信息	・很多人不了解应如何进行问题分析	优秀

如果不是个人类型的问题,我比较推荐使用问题分析法搭配问卷调查一起进行。通过对多名组员进行问卷调查,询问可能引发问题的主要原因,可以提高找出所有问题点的可能性。

而对于个人类型的问题,则需要独自一人进行问题分析。

一个人将所有可能引发问题的原因全部排查出来。

我曾经在实际工作中遇到过这样一件事。

在一个事务性工作的部门里,出现一个大问题。

有几千份文件需要输入电脑,但却一直没有完成。为了查找原因,我对几名管理人员进行了问询调查。

通过问询调查,我逐渐了解到造成文件堆积的原因可能在于负责录入数据的员工。也许是打字速度过慢,也许是工作疲劳,总之他们处理一份文件需要很长时间,结果就造成了文件堆积。

接着,我开始采集具体数据。令我感到意外的是,数据显示,员工们录入文件的时间只占全部工作时间的30%。

通过具体观察,我发现他们大部分时间都用在印制或打包需要邮寄给客户的资料上。

正如这个例子一样,通过观察数据可以发现很多问题。对于工作时间的认知,问询调查与实际观测的结果大相径庭。

这是因为人们在做自己喜欢的工作时会感觉时间过得很快,而做自己不喜欢的工作时会感觉时间已经过了很久。

对于普通的业务内容,测定工作时间时可以以15分钟为一单位(工厂以1秒钟为一单位,客服部门以30秒为一单位),量化工作内容。

● 注意!

结合自身实际选择一种最适合的方法来收集有价值的信息。

第6步 快速分析数据的3大秘诀

本节我将介绍通过数据分析找出问题的3大秘诀。

数据分析的秘诀1：比较

通过数值比较数量的多少。

数据分析的秘诀2：比例

对于不同产品的数据，可以换算成比例进行观察，如销售额的比例等，这样可以迅速发现异常数值。

数据分析的秘诀3：变化

观察数值上升或下降的曲线，通过数值变化寻找问题。

收集到与问题原因相关的信息后，要对它们进行整理。因为，多种信息混杂在一起不利于发现真正的原因。

首先，观察并合并同类信息。

你可以将相关信息都写在便签纸上，然后将类似的内容放在一起，进行分类。

然后，仔细观察放在一起的信息，想一想应该用哪个词来概括这些信息的特点。这个词就是这组信息的名称，这个名称应该可以概括这组信息里的全部内容。

这种方法被称作"KJ法"。

KJ法是由人类文化学学者川喜田二郎（Kawakita Jiro）先生总结出来的，主要用于高效整理大量信息。KJ是川喜田二郎先生姓名的首字母缩写。KJ法简单方便，而且应用广泛，希望大家都能掌握这种方法。

在分类时，需要特别注意两点。

第一,不要使用"其他"来命名任何一组信息。

因为在你迷茫的时候,很容易把所有信息都放进"其他"里。

这样一来,"其他"这一组信息就会过于庞杂,最终变得难以处理。

第二点要注意的是,当你不知道该对一个信息如何归类时,切忌将它盲目地放进某一组。正确的做法是先将它放在一边。然后,过一段时间再拿起来重新思考,如果发现有合适的组就把它放进去,如果没有就重建一个新组。

将所有信息按组分类之后,下一步要进行检查。

检查时需要注意,应再次确认这组信息的名称是否能够完全概括所有内容。

检查无误后,信息收集与整理的工作就可以先告一段落。

● 注意!

> 将收集到的信息进行分类并整理,方便以后迅速查阅。

第7步 如何找出所有问题点

遇到问题时,人们的注意力往往容易被眼前的事态所吸引,而忽略其他。

要想找出所有问题点,关键在于"采取俯瞰视角"。

下面我来介绍一下俯瞰事物的技巧。

所谓俯瞰，原本是指站在高处往下看。

也就是说，要有一种站在高处总览全局的能力。

例如，你可以假设自己是一名正在场地中比赛的足球运动员。

虽然你能够看到自己面前的人，但却看不清远处的其他人。不过，如果你身处观众席上，就能够看到所有队员的动作了。

当然，坐在电视机前收看，会更方便。

这就是因为你能够看到全局。

体育场的观众席通常设于高处，便于观众看到比赛全景。

在日常工作中，我们不可能站到物理意义上的高地去观察问题，因此，我们需要利用"上级的视角"。

听到这个建议，你的脑海中可能会闪过一丝疑问：我从来没有当过部门领导，怎么可能站在他们的角度想问题呢？

可是，如果你一直抱有这种想法，就永远也不可能学会俯视问题。

那么，如何学会从上级的视角看问题呢？

你只需要天马行空地思考一个问题：如果你是领导的话，你会怎么做？没错，天马行空地想象，说得极端一点，你甚至可以胡思乱想。

为什么要这么做呢？因为从这样的角度去思考问

题比什么都重要。

你可以从自己身边的事情开始。例如，观察一下其他部门的工作情况。一旦你开始观察其他部门或其他小组的工作内容，你的视野就会逐渐开阔起来，不会再像从前一样只局限在一个狭小的范围之内。

当你面对问题时，肯定觉得自己已经作出了最佳判断，选择了最好的方案。

可是，这只不过是你个人的观点而已。

如果换一个角度去看，同样的问题就会出现不同的看法。

当你能够用上级的视角去观察和思考，就会发现很多不同的问题，也会明白真正的问题出在哪里。

请务必尝试一下。

● 注意！

> 观察问题时，一旦转换成上级视角，就会发现自己眼前的景色完全不同。

第8步　梳理问题点时切忌遗漏

梳理问题点时如果出现遗漏，不仅会耽误解决问题的时间，更有可能导致问题无法顺利解决。

举一个例子。假设一根水管漏水了。

但你并不清楚漏水点在哪里，因此必须先进行排查。

这时，假设你觉得排查整根水管太麻烦，只排查了其中的一部分，结果会怎样？

如果你在排查的范围内找到了漏水点，自然十分幸运，可是如果漏水点不在你排查的范围之内，那水管就会继续漏水，问题完全没有得到解决。

而另一方面，解决问题时，我们还会经常遇到"重复作业"，这又是怎么回事呢？

还是用刚才那根水管的例子来看，在排查漏水点时，如果为了保险起见，你在同一范围内进行了两次排查，这就属于重复作业。

不过，这并不影响你发现漏水点，也不会影响到问题的解决。

当然，在排查前你就应该能发现：啊，这个地方已经排查过了。同样，在工作中，即使在梳理问题点的阶段出现重复作业，到了分类整理时也能发现，因此，只要在发现时去除重复部分就可以了，不需要格外介意。

我举水管这个例子是为了便于大家理解，事实上，当工作中遇到问题时，如果出现遗漏，就很难得到解决，因此需要特别注意。

一定要避免在梳理问题点时出现遗漏。

那么，如何才能避免这个问题呢？

大致有以下 4 种方法：

方法 1：对比分类法

第 1 种方法是将找出的问题点分成相互对立的两

大类，即按照对立关系进行分类。其实，你在撰写提案或工作报告时肯定用过这种方法。按照利益与危害、优点与缺点、强项与弱项、公司与个人、外部与内部、软件与硬件等相互对立的项目进行分类。按照利益与危害这种对比关系进行分类，可以有效防止问题点遗漏。

方法2：公式分类法

第2种方法是按照计算公式进行分类。

例如：利润＝销售额－成本、边际利润＝销售收入－变动成本，像这样根据计算公式将问题点进行分类也可以有效防止遗漏。

方法3：过程（步骤）分类法

第3种方法是按照过程，即按照做事情的步骤进行分类。

例如，接待客户或网上购物都有一定的步骤，整理问题点时也可以按照工作步骤进行分类。在解决个人类型的问题遇到困扰时，这种方法效果显著，请一定要牢牢掌握。

下面我们以餐厅为例，分解一下客人进店、进餐、离店的全过程。

首先，我们先从客人的视角进行思考。

此刻，你走进餐厅。然后，在服务员的带领下（或自己找到空位）就座。

在座位上坐好后你会做什么呢？

没错，应该看菜单、点菜。

点好菜以后,你会做什么呢?

当然是吃饭喽。

吃完饭以后做什么呢?

没错,应该结账。结完账以后出门。

就像这样,按步骤逐一进行分解。

你可以想象自己从进店到离店的全部过程,然后把它按步骤写在纸上,注意不要有任何遗漏。

事实上,我们还可以站在商家的角度,将客人从进店到离店的过程重新梳理一遍。

让我们站在商家的视角重新分解这一过程。

一位客人走进店内。

假如你是店员,你会做什么呢?

没错,先要招呼客人,你要说"欢迎光临"。

打完招呼后你要做什么呢?

把客人领到空位坐好,为客人上水或上茶。

然后将菜单递给客人,为客人点菜。

客人点好菜后你要做什么呢?

按照客人的订单准备饭菜。

准备好饭菜后你要做什么呢?

将做好的饭菜端到客人面前。

上好菜,等待客人用餐完毕,接下来,你要做什么呢?

没错。应该为客人结账。

最后,你要对客人说"感谢惠顾,期待您再次光临",并目送客人离店。

相信现在你也发现了，同样的过程我们还可以站在商家的视角，按照步骤重新进行分解。

在日常工作中遇到问题时，你只要按照工作流程，一步一步排查问题，就不会出现遗漏。

请你一定要好好利用这种方法。

不过，在对过程进行分解时，要特别注意两点。

第一，我们需要按步骤进行分类，因此你必须得保证这个步骤本身没有遗漏，否则的话就无法真正解决问题。

例如，假设我们将所有人都按20岁以上和20岁以下进行分类，那么将这两组数据加在一起就应该是100%，也就是说这种分类应该能够涵盖所有人。

假如各组数据累加以后只有80%，那就说明这种分类有缺陷，也就说明出现了问题点遗漏，一定要特别注意。

还是刚才那个例子，如果我们将所有人按照成人、初中生和小学生进行分类的话，就会漏掉大学生、高中生和幼儿园的孩子等。

因此，在确定步骤时，一定要确认你所列出的步骤是否有遗漏，所有步骤加起来是否涵盖了全部过程，如果达到100%，就说明没有问题。如果出现遗漏，就要重新检查，找出问题点。

第二点需要注意的是，进行分类时视角必须要统一。

如果在分解步骤的过程中，一会儿用商家的视角，一会儿用客人的视角，就会造成混乱。

而且这样做的话，也很可能造成问题点遗漏。因此在对步骤进行分解的过程中，一定要保持统一的视角。

第 4 种方法就是人们常说的模型分类法。关于这种方法我将在下一节进行详细讲解。

能够有效防止问题点遗漏的 4 种分类方法

	分类方法	内容
1	对比	按照利益与危害、优点与缺点、强项与弱项、公司与个人、外部与内部、软件与硬件等相互对立的项目进行分类。通过对比关系整理问题点可以有效防止遗漏。
2	公式	"利润＝销售额－成本""边际利润＝销售收入－变动成本"，根据计算公式将问题点进行分类也可以有效防止遗漏。
3	过程（步骤）	接待客户或网上购物都有一定的步骤，按照工作步骤对问题点进行分类也可以有效防止遗漏。在解决个人类型的问题时，这种分类方法效果显著。
4	模型	利用 SWOT 分析或 3C 分析等分析模型对问题点进行分类也可以有效防止遗漏。

第 9 步　梳理过程中遇到困难时，不妨灵活运用分析模型

为了防止梳理问题点时出现遗漏，我们还可以采用第 4 种方法，就是人们常说的模型分类法。

所谓模型是指一种框架或结构，通俗来讲，你可以把它看作一个"用于梳理问题点的盒子"。

我们手边已经有很多准备好的盒子，如 SWOT 分析或 3C 分析等，你可以直接将信息放进去进行梳理。

当你不知该如何进行分类时，分析模型会为你提供一个很好的启发，不妨将它列为一个参考。

借此机会，我简单介绍两种分析模型。

◎ 3C

3C 是 Customer（顾客）、Competitor（竞争对手）、Company（公司自身）三个单词的首字母缩写，它被广泛应用于市场分析等战略研究领域。通过 3C 模型可以对市场状况与竞争对手进行分析，从而找出能让自己公司成功的重要因素。

◎ SWOT 分析

SWOT 是优势（Strength）、劣势（Weakness）、机会（Opportunity）与威胁（Threat）四个单词的首字母缩写，这种模型主要通过分析企业的外部环境与内部环境来确定未来的战略方针。其中外部环境包括调查其他竞争对手的情况等，内部环境是指企业的经营资源（人才、物品、资金等）。

这就是常见的分析模型，在此我只简单地介绍了两种，除此之外，还有很多其他分析模型。

虽然分析模型十分便捷，但完全没必要拘泥于此。

我在雅虎和软银的培训班上也会简单介绍一些分析模型，但并不会特别深入地讲解它们。

因为解决问题不一定非得用到这些模型。

只有当你不知道该如何对问题点进行分类时，才需要借鉴一下分析模型。

有些好学的人热衷于钻研模型，但是了解很多种模型并不意味着你能够真正解决问题。

我认为分析模型只是一个工具，一种方法而已。

第2章 快速完成"四个步骤"

只要你能解决问题，并不一定非得使用某种模型。

不过，分析模型可以帮助你避免问题点的遗漏。

当你不确定是否出现遗漏时，可以按照刚才我讲的那样，使用分析模型对问题点进行分类，确认是否出现遗漏。

刚刚我向大家介绍了四种梳理问题点的方法，你可以从中任选一种方法进行尝试。

对于个人类型的问题，我比较推荐使用过程（步骤）分类法。

因为这种方法不仅可以防止问题点遗漏，而且独自一人思考起来也比较方便，非常适合问题梳理时使用。

不过，如果不是个人类型的问题，而是涉及整个公司的重大问题，最好不要使用过程分类法。

因为如果是涉及整个公司的重大问题，要想把全部过程都做到可视化，那就需要花费很长时间，而且所有步骤加在一起，数量会相当惊人。

要想解决这种涉及整个公司的问题，比较有效的方法是组建一个问题解决小组。具体内容我会在第5章进行讲解。

● **注意！**

> 梳理问题点时，通过排查可以去除重复，但如果出现遗漏则后果严重，因此切忌出现遗漏。

第10步 对找出的问题点进行分类

找出所有问题点后，需要进行分析与归类。即问题分类。

在进行分类时要特别注意三点。

第一点，在前面讲解应该如何整理信息时我也曾讲过，分类时，要注意尽量不要出现"其他"这一类别。

第二点，要注意每个类别之间的内容水平是否平衡。

如果不同类别之间内容水平相差很多，就很难发现问题点是否出现遗漏或重复。

首先，必须仔细观察便签上记录的问题点，认真思考这些问题点的内容。

然后，将内容接近的问题点归为一类，并以该内容进行命名。

举一个例子。假设我们设定了"人才""物品""资金""操作指南"这四个类别。将它们并列在一起后，你会发现"操作指南"这个类别显得有点格格不入。能否发现这一点，你的感觉十分重要。

你应该能察觉到，操作指南应该包含在"物品"类别里。这就涉及不同类别之间内容水平是否平衡的问题。

第三点，要特别注意所有类别累加起来能否涵盖100%的内容。如果不能达到100%，则说明出现了问题点遗漏，最终将无法真正解决问题。

不过，如果是涉及企业经营管理方面的难题或一些重大项目中出现的问题，在进行分类时，问题点数量众多，种类也会十分庞杂，因此很难判断罗列出的问题点是否能够涵盖 100% 的内容。

关于这一点，我会在第 5 章进行讲解。

● 注意！

> 将问题分类后，要确认不同类别之间内容水平是否平衡，还要检查所有类别累加起来能否涵盖 100% 的内容。

△步骤三　30 分钟内将全部问题点"可视化"，彻底查明真正原因▲

步骤三是解决问题过程中耗时最长的一个步骤。我们必须充分利用这 30 分钟，完成所有问题点的"可视化"，并彻底查明引发问题的最主要原因。

第 1 步　能否"自己"开动脑筋，找出真正的问题原因

随着 IT 技术的急速发展，我们的生活变得越来越便利。

而生活便利化的急速进程，又逐渐减少了我们自己动脑思考的机会。

过去，我们乘坐电车时，每次都要计算要交多少车费，要找多少零钱。

可现在情况不同了。交通卡越来越便捷，提前储值后，只需将 IC 卡在自动检票机上刷一下就可以乘车。

机器能够瞬间读取上下车站位置与换乘信息,并自动扣除卡中费用。

另外,如果日常生活中遇到麻烦,我们可以立刻上网搜索,几乎所有问题都能在网上找到答案。

如今,生活已经变得如此便捷,要想解决问题,特别是想要用世界上最快的速度解决问题,利用科技工具进行数据分析与资料整理无疑最为高效。

不过,无论科技或人工智能(AI)再怎么进化,也无法做到让AI去思考出现问题的原因。

例如,当你想要解决加班时间一直无法缩短这一问题时,你可以在网上查到很多关于如何削减加班时间或提高工作效率的方法与启示,但这些科技工具不会主动为你分析导致你加班时间延长的原因。

而最终,真正的答案其实就在你的大脑里,你必须依靠自己的力量去找到它。

如果只是录入数据、录入发票等单纯的固定作业中发生问题,由于不需要进行复杂判断也许AI可以帮助解决。但无论AI技术如何发达,也不可能解决工作中遇到的复杂问题。

我认为,能否快速解决个人类型的问题,关键在于你能否自己开动脑筋,找出问题的原因。

日常生活中,我们似乎一直在用脑思考,可一遇到问题你就会发现,其实我们并没有真正开动脑筋。

事实上,我在软银及雅虎等培训班中经常遇到这种情况,一下课,学员们就会异口同声地抱怨道:"太累了!"

他们之所以感觉疲劳并不是因为培训内容有多么辛苦,而是因为他们一直在用脑思考。这也说明我们平时真的用脑太少了。

软银集团的董事长孙正义先生经常对员工们说,"一定要多动脑!要想破头那样去想!"这句话的意思我直到最近才明白。

我们每个人都会遇到问题,可我们真的没有在认真思考。

因此,我在培训班上一直想方设法鼓励学员们开动脑筋,认真思考。

只要你开始认真思考,一点点努力就能推进问题的解决,而且会大幅提高解决问题的概率。

● **注意!**

> 只要自己开动脑筋思考,就朝问题解决迈进了一大步。

第2步 通过"双向提问"找出所有问题点

前面我已经解释过,很多人无法掌握解决问题技巧的主要原因就在于"他们一遇到问题就会直接跳到寻找方案那一步,而忘记先要分析原因"。

那么,怎样才能避免这个问题呢?

首先,要养成遇到问题后,先停下来想一想"为什么"的习惯。

以前你一遇到问题可能就会想该怎样解决，不过，今后再遇到问题时，请你转变一下思路，先想一想"为什么会发生这样的问题"。

这个转变看似很不起眼，但却至关重要。

如何才能做好这个转变？下面我要介绍一种方法，叫作"双向提问法"，即先从纵向提出第1个问题，再从横向提出第2个问题。

问题1，"现在如果只让你说出一个问题原因，你认为会是什么？"

问题2，"如果你提出的原因得到解决，是否能够彻底解决这个问题？"

双向提问法是由我的老师、多摩大学研究生院客座教授诹访良武先生提出来的。到目前为止，我已经使用这个方法解决了大大小小无数的问题。我可以断言，无论多么复杂的问题，都可以通过双向提问法找出解决方案。

双向提问法威力无穷。在第5章里我会介绍如何解决涉及企业经营管理方面的重大问题，例如怎样应对员工满意度下降、如何将月销售额提高几十亿日元等。在解决这些问题时，利用双向提问法能够找出200多个问题原因，并且真的能够帮助解决问题。

通常部门开会或集体讨论时，无论怎样努力，最多也就能找出40~50个问题原因。但双向提问法不同。我曾经亲自实践过，这个方法效果惊人。用它找出的问题原因，数量接近正常方法的5倍，从某种意义上来讲，这种方法自带魔力。

● **注意！**

> 只要掌握了双向提问法，任何难题都能迎刃而解。

第3步　挖掘那些用老办法难以发现的问题原因

下面，我通过具体案例来讲解一下如何使用双向提问法。

假设你现在遇到的问题是在一个程序固定的作业中总是出现错误。

现在，你需要思考是什么原因造成作业中错误增加。

一开始，你能想到的可能都是比较常见的理由，例如，"最近加班时间越来越长""有些个人烦恼比较牵扯精力"以及"这是一份新工作，还没有熟练掌握业务流程"等等。

但是，如果利用我们前面讲到的双向提问法，你就能够找出一些"用老办法难以发现的问题原因"。

这次的问题属于个人类型问题，因此可以用自问自答的形式来提问，如果是涉及其他部门或是关系到整个企业的问题，那就可以进行小组讨论，通过讨论可以挖掘出更多的问题原因。我们先来看一下自问自答的方式。

首先，你要问自己第一个问题，"如果只让你说出一个造成作业中错误增加的原因，你认为会是什么？"这是一个纵向提问，可以帮助你挖掘问题原因。

这时，你可能会想到一个原因，例如"嗯……我感觉可能因为这是一份新工作,我还不太熟悉业务流程……"。你找到不熟悉业务流程这个原因后,如果能看出解决方案,那就没必要继续寻找其他原因。因为你已经找到了解决方案。

不过,仅仅凭借"不熟悉业务流程"这一点是无法看出具体解决方案的。因为你还不清楚自己到底应该怎么做,因此这时候,你需要继续重复第一个提问,"如果只让你说出一个造成不熟悉业务流程的原因,你认为会是什么?"你必须继续深挖问题原因。

继续问自己,"如果只让你说出一个造成不熟悉业务流程的原因,你认为会是什么?"这时,你可能会发现"我没有业务流程图"。这一下,你就找到了解决方案。

制作一份业务流程图就能解决这个问题,也可以进一步熟悉业务流程。

找到解决方案后,你要开始进行横向提问,也就是问自己第二个问题。

"如果掌握了新工作的业务流程,是否能够彻底解决这个问题?"

像这样,通过连续提问,你可以总结出更多的派生问题。

听到横向提问后,你会发觉,只画出业务流程图并不能彻底解决作业中错误增加的问题。

于是,你脑海中会浮现出其他问题原因,例如加班时间过长。

只知道加班时间过长并不能看出解决方案,于是

第2章 快速完成"四个步骤"

你需要再次重复纵向提问。"如果只让你说出一个造成加班时间过长的原因,你认为会是什么?"你可能会发现自己并没有制订加班时长目标。而制订加班时长目标就是这个问题的解决方案,因此接下来需要进行横向提问。

你要问自己"如果制订了加班时长目标,是否能够彻底解决加班时间过长的问题?"这时你可能会发现虽然自己的工作已经非常忙碌,但同事辞职后,他的工作还是完全交接给了你。

仅发现交接工作这一点并不能看出解决方案。

因此,你需要再次回到第一个问题,进行纵向提问。

"如果只让你说出一个造成同事将工作交接给你的原因,你认为会是什么?"

于是,你可能会想到的是"啊,老板说过没有预算去招聘新人"。

确保招聘新人的预算不是你个人能解决的问题,因此,不需要再进一步深挖原因。

至此,你需要再进行一次纵向提问。

"除了预算问题以外,如果只让你说出一个造成离职同事将工作交接给你的原因,你认为会是什么?"

那么,你可能会意识到自己从来没有同领导反映过工作很忙。

如果是这样的话,只要你今天同领导反映一下,这个问题似乎就能得到解决,因此也不需要再进一步深挖原因。

现在，你需要回到第二个问题，继续横向提问。

"如果熟悉了业务流程，也减少了加班时长，是否能够彻底解决作业中错误增加的问题呢？"

通过双向提问将问题进行分解

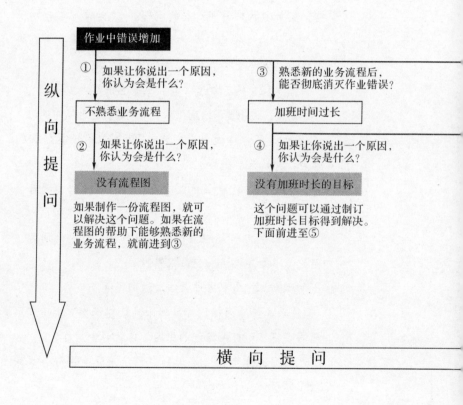

第 2 章 快速完成"四个步骤"

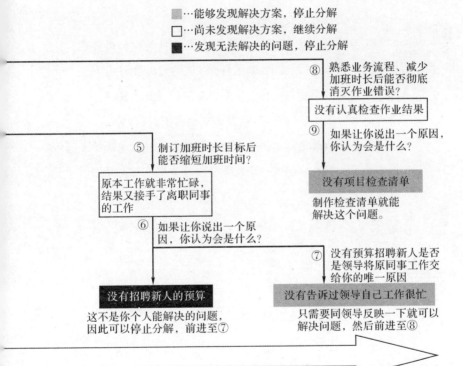

这时，你可能会注意到"啊！我还没有检查作业结果"。仅发现这一点并不能找到解决方案，因此你需要再回到第一个问题，进行纵向提问。

现在问问自己："如果让你说出一个没有检查作业结果的原因，你认为会是什么？"

于是，你可能会发现你没有项目检查的清单。只要制作一张项目检查清单似乎就能解决这个问题。

就像这样，你可以先用第一个纵向提问"如果让你说出一个原因，你认为会是什么？"来找出解决方案，再用第二个横向提问"如果这个原因得到了解决，是否能够彻底解决这个问题？"来查明所有的问题点。

另外，如果像刚才例子中的预算问题一样，出现了你自己无法解决的问题，那就无需继续纵向提问来深挖原因，因为即使再深挖下去，单凭你个人的力量也无法解决这些问题。

● 注意！

> 遇到问题后，一定要先停下来，想一想原因。

第4步　仅凭丰田式的"五个为什么"，无法真正发觉问题原因

因持续改善而驰名的丰田公司经常教育员工使用"五个为什么"分析法。该分析法曾在各大媒体上被广泛报道，因此，相信不少人都曾有所耳闻。

第2章　快速完成"四个步骤"

我在前文中讲到的纵向提问"如果让你说出一个问题原因，你认为会是什么？"实际上它就相当于丰田方式中的"为什么"。

"为什么"同样属于纵向提问，在挖掘问题原因时非常有效。

因为，我在前面也讲过，每个人都有一种惯性，一遇到问题就容易直接跳到寻找方案那一步，因此先停下来，思考一下"为什么"是非常重要的。

而且，丰田公司一直强调的是"必须刨根问底，直至找出解决方案"。在我刚开始接触丰田方式时，这种孜孜以求的态度带给我很大冲击，我深以为然。

不过，当我参考这种方式亲自去解决实际工作中发生的问题时，却发现仅凭"五个为什么"有时并不能顺利地解决问题。

运用丰田方式的确可以纵向发掘出问题原因，但是，如果问题本身错综复杂，或者遇到一个重大项目中的难题，仅凭丰田方式就很难找出全部问题点。

因此，为了确保能够找出全部问题点，我们必须继续进行横向提问。

"如果你提出的原因得到解决，是否能够彻底解决这个问题？"

双向提问不仅可以挖掘出问题原因，还可以将其他派生出的问题一网打尽，从而实现全部问题点的可视化。

● **注意！**

> 通过双向提问找出全部问题点至关重要。

第 5 步　必须刨根问底，直至找出解决方案

前面我们谈到，在遇到问题时，丰田公司要求员工使用"五个为什么"分析法。

"五"这个数字本身其实没有任何意义。

这种方式的关键不在于提问"为什么"的数量，而是说遇到问题时必须刨根问底，直至找出解决方案为止。

但如果只分析表面原因，还是无法真正解决问题。

事实上，在丰田公司内部，"五个"也并不代表提问的次数，它的含义是要不断提问，直到"找出真正的问题原因"。

有时候可能问两遍"为什么"就能找到解决方案，而有时候，即使问了五遍也不一定能够找到解决方案。

关键在于你必须不断提问，直至找出解决方案为止。

从这个意义上来讲，当你进行纵向提问，不断问自己"如果只让你说出一个问题原因，你认为会是什么"，其实就等于反复问自己"为什么"。

不过，只进行纵向提问并不能找出全部问题点。

与此同时还必须反复进行横向提问，"如果你提出的原因得到解决，是否能够彻底解决这个问题？"否则就无法把握问题全貌。

所以，我们可以得出结论，只有进行双向提问，

才能真正找出所有问题点。

根据我以往的经验，只要不是涉及企业经营管理方面的重大问题，通常只要问三次"为什么"，就能够发现解决方案。

下面我来简单介绍一下在利用纵向提问进行原因分析时，应该何时叫停。

前面我们一直在讲"要找出解决方案以后才能停止提问"，其实还有其他一些情况也可以叫停。

①能够找出解决方案时（这是基本原则）。
②凭借自己的力量无法解决该问题时。
③再深挖下去也不可能找到有价值的原因时。

如果出现以上这些情况，就可以暂时叫停原因分析的工作。

● **注意!**

> 必须反复追问"为什么"，直至找出解决方案。

第6步　不要被分析模型束缚，那是在浪费时间

很多人一听说要解决问题就会想到分析模型。

我们前面也曾简单介绍过，所谓模型，就是指一种框架或结构。

解决问题时常见的分析模型包括MECE分析法（Mutually Exclusive and Collectively Exhaustive 的

首字母缩写,意为不重叠、不遗漏)、逻辑树分析法[①]、SWOT分析、3C分析以及价值链分析等,分析模型的术语里充满了大量的英文字母,不免令初学者望而生畏。

利用3C分析或SWOT分析梳理问题点时,或许能够发现问题的一部分,但只依靠这些分析模型并不能找到全部问题点。

分析模型十分方便,如果善于利用当然大有裨益,但是,我们完全没有必要为了学习这些模型而耗尽精力。

而且,如果你为了这些模型而倾尽全力,从某种角度来讲,你就会被这些模型束缚住,思考问题时就只会套用这些模型。

而一旦遇到无法套用分析模型的案例,你的思维就会停滞。这样一来,时间就会被白白浪费。

要想用世界上最快的速度解决问题,你可以把分析模型当作一种工具,但它并不是解决问题的必要条件。

因为即使你不了解什么是MECE分析法,也不会妨碍你解决问题。

那么,如果遇到重大问题又该如何分类才能确保不会出现问题点遗漏呢?

如果是涉及企业经营管理方面的重大问题,我通常会召集一个十几人的问题解决小组进行讨论,并事先对每位与会者进行问卷调查。

调查内容是"你认为造成某问题的主要原因是什么?请列举3点。"

---

① 逻辑树是将问题的所有子问题分层罗列,从最高层开始,并逐步向下扩展。——编者注

如果与会者达到 15 名，那就能收集到 45 条问题原因。

接下来，我会将收集到问题原因如下图所示进行分类。

多人参加讨论时，需提前进行问卷调查

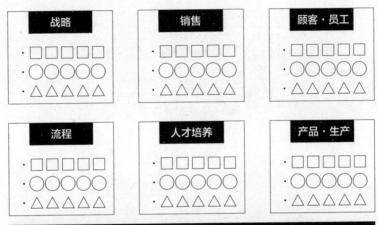

对于经营管理方面的重大问题进行多人讨论时，可以提前对每位与会者进行问卷调查，请他们列举出 3 条问题原因，这样可以收集到大量相关信息。

将所有问题原因分类后，我会把自己想到的问题点也列出来，然后将图示交给项目组组长，请他把自己的意见也追加进去。

这样一来，基本上就能罗列出大约 80%~90% 的问题原因。

如果你不清楚应该如何将问题原因进行分类或与会人数过少，也可以使用下面这个清单来检查问题点有无遗漏。

● **注意！**

> 不知该如何整理问题点时，可以利用分析模型。

问题原因清单

	检查项目
战略	企业远景、目标任务是否明确
	领导层的方针能否传达到公司员工
	有无企业规划
	能否把握企业的优势与劣势
	对同行业公司的分析是否充分
销售	是否明确定义目标客户
	是否制订销售计划
	是否坚持开发新客户
	是否不断维护老客户
	销售目标是否明确
顾客·员工	是否了解顾客与员工的期待值
	顾客是否满意
	是否真心感到满意
	员工是否有干劲儿
	员工是否满意
流程	业务流程是否实现可视化
	操作指南、作业流程等是否完备
	能否掌握业务进度
	能否按期交货
	规则是否明确
人才培养	有无培训计划
	是否准备培训教材
	有无培养培训师
	有无实施培训
	员工晋升条件是否明确
产品·生产	产品是否存在质量问题
	产品是否有竞争力
	产品是否有企划力
	库存是否过剩
	生产是否顺利

事例　将输入错误削减至三千分之一

以前，公司里曾经有人找我咨询过一个问题，他们的主要业务是录入数据，但在数据输入时错误率一直居高不下。

我仔细了解了他们的业务内容。员工每天需要将写在纸上的内容录入系统，但问题是在数据输入时一直存在大量错误。听清楚问题后，我马上开始着手解决。

第一步，我先要收集信息，于是我认真观察了员工们的工作状态。

通过对员工状态事无巨细的观察，我发现错误主要集中在两点，一是键盘输入错误，二是对录入内容检查不彻底。

第二步，我要找出造成这些错误的原因。

"为什么会出现键盘输入错误？""明明对录入内容进行了检查，为什么错误率一直居高不下？"我一直不断提问"为什么"，直到发现解决方案。找到解决方案后，我开始按照优先顺序为每个解决方案排序。最后我得出一个结论：与其研究如何防止错误再发，不如研究如何预防错误更有效。

如果你的公司也需要对某项操作进行检查，大致应有两种方式，一种是自我检查，另一种是双重检查（两人一组进行复查）。在这个部门里同样也进行这两种检查，首先是录入者自我检查，然后再由另一名员工进行复查。

我们假设每位员工的错误率是1%，也就是说，每录入 100 次会出现 1 次错误。

那么，经过复查以后，理论上来说，错误率应该是：

$1/100 \times 1/100 = 1/10000$

也就是说，错误率应该能降到 0.01%。

然而，经过复查后，实际错误率并没有明显减少。

分析多个数据，你会发现，复查后的错误率通常都会远远高于万分之一。这个部门也面临同样的问题。尽管员工们进行了复查，但错误率始终居高不下。

而且，虽然有些地方属于错误高发区，但检查时并没有对这些地方加以侧重，而是对所有地方全部进行了同样的检查，这也是导致错误率居高不下的重要原因。

于是，我按照解决方案的优先顺序采取了两项措施。

第一，我让负责录入的员工在检查时手执一根小棒，指着电脑屏幕进行检查。

通常自查都是在录入后再看一遍自己所输入的内容，而我特意让员工手执一根小棒，这样就可以将录入与检查这两项工作进行明确区分。

第二，我让负责录入的员工准备一张类似垫板一样的东西，然后将最容易出错的地方镂空，再将这张垫板贴在电脑上，检查时只要检查镂空的位置即可。

你猜最后出现了什么结果？

我成功地帮助他们将录入的错误率降低到不足以前的三千分之一。

第 7 步　确定待处理问题的优先顺序

通过双向提问法，可以找出很多问题原因。

也就是说，探寻问题原因其实就等于找出全部问题点。

可是，找到大量问题原因后，你可能又会遇到一个新的麻烦。

那就是你不清楚应该从何入手。

我们没有时间去处理所有问题点，因此必须得先解决排在第一位的问题。

如何对大量的问题点进行排序呢？秘诀就在于衡量每个问题点的重要程度与完成效果。

站在社长与部门等领导的角度来看，重要程度可分为以下三级。

A. 高

B. 中

C. 低

完成效果可以通过一个问题解决后对业务产生的影响进行判断。

然后，将所有问题点，按照 A1/3、B1/3、C1/3 的比例进行划分。

如果是多人参加的问题解决小组，我会让每位与会者举手表决，以确定每一级所占比例均为 1/3。

在举手表决时，我不会给他们太长时间进行思考。

因为如果思考时间过长，他们在确定先后顺序时就会考虑公司现状或领导的脸色等因素。

如果是你独自一人进行排序,也要注意,千万不要考虑公司或领导等因素。

排序速度一定要快,如"○○是A,△△是B……",必须这样快速进行。所有问题点都排好序后,你只需要抽出重要程度与完成效果均为A级的项目即可。

这就是你应该首先解决的问题。

两者均为A级的问题点往往影响力都很大,只要把这些问题解决了,其他问题可能也就迎刃而解。

你可以想象一下游戏棋奥赛罗①。

在你放下一颗白棋时,一瞬间,周围很多黑棋都会被噼里啪啦地翻过来,变成白棋。

那个变化的瞬间,感觉会十分美妙。

解决问题也是同样,你必须先从那些影响力较大的问题点入手,解决了它,其他问题也会同时得到解决。

● 注意!

> 要从重要程度与完成效果级别都很高的问题入手。

---

① 也叫作奥赛罗黑白棋,在西方和日本很流行。游戏通过相互翻转对方的棋子,最后以棋盘上谁的棋子多来判断胜负。——编者注

事例　如何按时完成"不可能完成的任务"

自从我掌握了问题解决的技巧之后，加班时间锐减。

通常，我早上7点30分左右到达公司，如果不出什么意外，下午5点之前就能下班。

在雅虎公司的管理层里，我觉得自己恐怕是加班时间最短的一位。

但是，这并不意味着我没有在工作。

事实上，与过去相比，我的工作量增长了很多。

我不仅要完成自己的工作，还要为下属的工作提供支持，工作量应该近乎是过去的1.5倍到2倍。

那么，如何才能按时完成这些看起来似乎不可能完成的任务呢？

每天，我一进公司，就会遇到各种各样的问题。

有时候是工作团队内的伙伴之间出现意见不合，需要我去做仲裁，有时候是我的培训课上要用的设备出现故障，教学课件无法在投影仪上播放，或是学员无故缺勤等等，这些问题有大有小，不一而足。

一旦发生这样那样的问题，如果不抓紧时间解决，我的工作就会被拖后，那肯定就无法按时下班。

尤其是等到其他员工上班后，会议、面谈，各项工作一个接着一个，我根本不可能再挤出任何自己的时间，因此，出现问题后必须及早解决。为此，我需要将所有问题按优先顺序进行排列，然后逐一解决。

每天我一到公司，就会先把要处理的问题或业务写在便签纸上，然后确定优先顺序。

这个顺序就是根据前面我所讲的重要程度与完成效果来进行排列。很多人喜欢按照问题的紧急程度排序，但我不会考虑紧急程度。

重要的问题解决起来多少会有一点棘手，因此人们往往会把这些问题往后推。

那么，这会造成什么后果呢？

由于重要问题一直被放置不理，等到时限迫近时，就会变成一个紧急问题。

因此，先后顺序要依据其重要程度来排列，而非紧急程度。

如果可能的话，最好把完成效果也一并记入。选择重要程度与完成效果均为A级的问题入手，可以在短时间内取得巨大成果。

这个事例告诉我们，当问题数量不止一个时，想要解决问题，必须先判断解决问题的先后顺序。

而判断的标准就是问题的重要程度与完成效果。

如果需要通过数值验证一个问题的重要程度与完成效果级别是否都很高，那么可以采用工作抽样法，也可以从数据中抽取相关信息进行验证。

如果重要程度与完成效果级别都很高的问题不止一个，那就选择三个你认为最严重的问题进行验证，这样比较能够缩短时间。

然后，只要围绕重要程度与完成效果级别都很高的问题去思考解决方案就可以了。

如果问题不止一个，需要通过"重要程度"与"完成效果"确定优先顺序

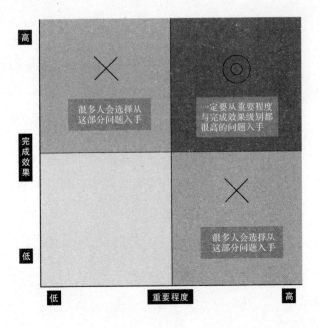

△步骤四　10分钟内找出解决方案▲

在步骤三里,我们已经找出引发问题的原因以及必须最先解决的问题,因此在步骤四里我们要在短短的10分钟内完成解决方案。

第1步　很多员工都会陷入的"一个困境"

在思考解决方案时,很多人都会陷入"一个困境"。

他们想出的方案常常会受到"人员、物品、资金、风险"等条件的限制。

假设你现在的工作是向电脑里录入数据。

领导要求你找到一个方案来解决输入错误率过高的问题。

你会想到哪些方案呢?

检查一下你想出的方案,看看它们有没有受到"人员、物品、资金、风险"等条件的制约。

大多数情况下,我们能想到的都是一些比较现实的方案,而这些方案往往都会受到各种条件的限制。

你明明知道招聘新人就能解决人手不足的问题,但是脑子里一闪过预算不足的念头,就会把招聘新人方案排除在外。

最终,你只能想出一些现实可行、能够提高工作效率的方案,例如制作一个检查表,或是两人一组加强复查,等等。

也就是说,如果你已经在头脑中设定出一些特别的前提条件，那最终你的方案就会比较现实，而且只能在限定条件下进行。

在我举办的培训班里，每当我让学员们练习设计一些解决方案时，不知为什么，他们很难交出一些能够突破固有框架的方案。

在公司里也是一样，由于很多人脑海中已经装满成见，他们认定自己没有权限，结果就只能提交一些被"人员、物品、资金、风险"等条件牢牢制约的方案。

在设计解决方案时，一定不要从一开始就认定某种方法不行。

● 注意！

> 检查一下你的解决方案是否受到"人员、物品、资金、风险"等条件的影响。

第2步　找不到"突破口"是有原因的

挖掘出问题点，通过缜密分析，终于找出了解决方案。可是，望着自己的方案，你心中可能会产生一丝疑惑——这个方案真的能够解决问题吗？

"啊，这个内容以前好像用过""以前似乎做过同样的方案，但最后并不成功"，在制订解决方案时，你是不是经常遇到以上这些情况？

也就是说，你会发现自己只能想出一些过去已经尝试过的解决方案。

的确，有时只是人员和条件有所不同，但问题还是同样的问题，因此用过去曾经尝试过的方案依旧能够解决问题。

不过，如果是以前用过但没有成功的方案，你想拿出来再次尝试，就必须得向所有相关人员解释这个方案有再度尝试的价值，这样一来肯定会耽误时间，绝对不能算是世界上速度最快的解决方法。

尤其是你必须得向领导解释为什么这个方案能够行得通。

因为，为了找到这个解决方案，你已经详细分析了问题原因，做了大量工作，可是当你拿着方案去向领导汇报时，如果对方问一句"这个方案以前用过，好像不太成功吧？"那你之前所做的全部努力就都会前功尽弃。

要想做出与以往不同的解决方案，必须从根本上改变制订方案的方法。

● 注意！

> 检查一下你的解决方案是否与以往做过的方案内容重复。

第3步 "从零思考"找出具有现实意义的解决方案

在我举办的培训班里，每当我让学员们练习设计一些解决方案时，不知为什么，他们总是难以打破头脑中固有的框架。

在公司里也是一样,很多人头脑中已经装满成见,他们认定自己没有权限,因此他们提交的方案往往都会被"人员、物品、资金、风险"等奇奇怪怪的条件牢牢制约。

例如,如果让他们为如何削减加班时间提供解决问题的方案。

很多人会设计出以下方案:

·设定无加班日。

·设定加班目标时长。

·给予完成削减目标的员工奖励。

请大家仔细观察一下这些解决方案。

所有方案无一不在"人员、物品、资金、风险"等条件的框架内。也就是说,在思考解决方案时,他们已经提前在脑海中限定了这些前提条件。

为什么说这些受制于各种条件的解决方案不好呢?

因为,这样一来,你在思考方案时就会下意识地将思维局限在"有可能的范围"之内。

本来能做的方案还有很多,但是由于你在心中已经设定好一个安全范围,所以就无法想出更有效的方案。

因此,每次我让学员制订方案时,都会要求他们抛开"人员、物品、资金、风险"这些要素,从零思考。

这样一来,他们想出的方案能够比最初增加一倍以上。

我本人在雅虎公司也负责帮助雅虎购物平台等部门解决实际工作中遇到的问题,通过解放禁锢的思维,鼓励大家从零思考,在第三次演练时收集到的方案数量往往能够达到第一次演练时的三倍以上。

下面，我们再来看一道题。这道题我在软银的问题解决培训班上也曾经讲过，在此，我对题目稍微做了一点改动。

假设社长直接过来对你说："半年之内，你要将全公司所有员工的法语水平提高到能工作交流的程度！"

请问，你会制订怎样的方案呢？

很多学员提出的方案是，在工作时间里，每周设定两天禁止使用日语日，组织法语能力测试，将升职加薪与测试成绩挂钩。

工作时间以外，可以去车站旁的法语培训班补习、赴法国短期留学、寄宿法国家庭、找一位法国人谈恋爱，等等。

这些方案都很不错，不过，它们都有两大盲点。

第一个盲点，就是我刚才提到的，这些方案全都受到"人员、物品、资金、风险"等因素的制约。因此，在培训时，我要求学员们抛开这些制约因素，从零思考，于是他们又提出了以下这些方案。

将公司搬到法国、用法语完成每日工作报告、管理层全部换成法国人、公司内部的背景音乐全部换成法语歌、加入法国青年海外派遣队、电脑键盘与手机的语言设置全部换成法语、搬到法国居住、半年后通过法语测试者发5倍年终奖、安排单身员工与法国人相亲、讲日语者罚款、所有客户全部换成法国公司、每天从法国来上班、公司内部文件杂志等全部用法语印刷、与法国人合租公寓、半年后法语测试不合格者开除、长期去法国出差、每天早上听广播中的法语讲座、配备一对一的法语老师、将电脑系统换成法语环境、将法语设为公司内部的工作语言，等等。

有意思的是，一旦开始从零思考，学员们就能想出很多以前从未想到过的方案。

第二个盲点，在制订方案时，他们容易看领导的脸色行事。他们会考虑公司的各种情况，还会优先考虑位高权重者提出的意见。

关于如何避免这种事态的发生，我将在下一节里进行讲解。

● **注意！**

> 从零思考，不放弃任何有可能的解决方案。

第4步　优先考虑"重要程度"与"紧急程度"，将永远无法解决问题

在思考如何解决问题时，假设你已经想出了20个解决方案。

这时，如果让你对这20个方案进行排序，很多人的判断标准往往是"这个方案看起来好像还不错"。

然而，当领导问你为什么要选择这个方案时，你就会无言以对。

因为你只是在凭借感觉进行选择,并没有任何能够让人信服的理由。

那么,当出现好几个解决方案时,我们应该用什么标准进行排序呢?

首先,如果能用数值表示的话,就应该通过数值进行判断。

当然,如果做成图表的形式会更加显而易见。

通过数值对比,可以很轻松地判断出应该先从哪个方案入手。

但是,很多解决方案往往无法用数值进行比较。

例如,假设我们要解决的问题是降低数据录入的错误率。

通过分析原因,我们已经找到以下几个解决方案:

"制订项目检查清单,加强检查。"

"检查时要用手指着电脑屏幕。"

"将容易出现错误的地方都记在便签纸上,贴在电脑旁。"

"每天与同事开会复盘。"

这些方案无法通过数值来判断优先顺序。

这时,很多人会通过两个标准来进行选择。

即紧急程度与重要程度。

事实上,如果以这两点为标准进行选择,很容易失败。因为,这样很容易掉入一个陷阱——"紧急的事往往看上去都比较重要"。

人往往有一种奇怪的特性,一旦事情迫在眉睫,哪怕不是什么重要的工作,也会显得无比重要。

"这项工作非常紧急,交给你了!"位高权重者一声令下,所有人都会听命。因为职场上权力关系的力量很大,更有权的人,例如领导的意志往往就会变成最后的决定。

即使你心里并不认为这项工作有多么紧急,但只要领导一发话,"这活儿要得很急,赶快干!"作为部下,你就只能立刻应对。

另一个原因在于,按照重要程度做出的决定很容易变成空谈。

很多方案真正要实行起来需要漫长的时间,因此,操作起来很不现实。

也就是说,如果毫不考虑实操性,仅仅按照重要程度进行选择的话,那最终这个方案很可能变成一纸空谈,而空谈不能解决任何问题。

● **注意!**

> 优先考虑重要程度与紧急程度永远无法解决问题。

第5步 判断方案优先顺序的两个标准

在职场中,很多人在遇到问题后能够想出不少解决方案。

然而,一旦请他们选择先执行哪个方案,他们的决定往往很难令人满意。

虽然这是制订方案者本人经过慎重思考做出的决定,但他们的选择总是令人难以理解。

很多人在排优先顺序时只是凭借自己的感觉,他们就是觉得"这个方案最棒!"

但是,由于判断标准不明确,周围的人或是领导看过你的决定后很难表示附和,反而会奇怪你为什么会做出这样的选择。

如果解决方案可以量化,也就是说可以用数值来表示的话,那么通过比较数值或图表就可以轻松排定顺序。

但是,工作中我们会遇到很多无法用数据进行比较的问题。

在确定解决方案的顺序时,我们既要考虑那些可以量化的方案,也要考虑那些不能量化的方案。

因此,我们要通过两个标准来判断解决方案的优先顺序。

对于那些无法用数值量化的方案,我们就采用定性的解决方案,也就是说通过完成效果的大小与可行性的高低这两个标准来进行判断。

这两个标准缺一不可。

为什么必须要考虑完成效果与可行性这两个方面呢?

因为选择效果好、可行性又高的方案能够最快地接近目标。

完成效果可以通过方案实施后对业务产生的影响进行判断。

可行性可以通过方案实现起来的难度大小进行判断。

以往,可能很多人都是根据紧急程度与重要程度来确定方案的优先顺序。今后，请务必通过方案的完成效果与可行性来进行比较。

看到这里，可能有人会感到一丝不解："十万火急的方案摆在面前，总得要考虑一下吧？"其实这种担心完全没有必要。

因为大多数情况下，完成效果好、可行性又高的方案必定属于紧急程度高的方案。

我们前面讲过，判断应该从哪个问题点入手时，必须要考虑重要程度与完成效果，不过在确定解决方案的顺序时却不能考虑重要程度，只能通过完成效果与可行性来进行判断，对此，可能有很多人不太理解。

解决方案的优先顺序应该根据完成效果与可行性来确定

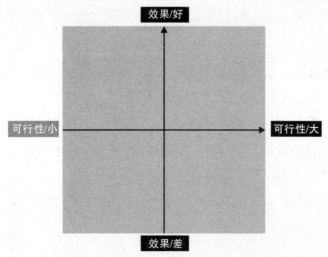

不过，如果按照重要程度来确定解决方案的优先顺序，极有可能变成一纸空谈，因此一定要特别注意。一个方案能否实施才是解决问题的关键。

因为无论一个方案多么完美，如果无法实施，就没有任何意义。

● **注意！**

> 解决方案的优先顺序应该根据完成效果与可行性来确定。

事例　如何实现看似高不可及的 KPI 指标

<KPI>Key Performance Indicator 的缩写，指关键绩效指标，即绩效的意思。

几年前，我负责在九州地区建立一个新部门。

我按照以往的方法设计了新部门的人力资源计划与培养方案。有一天，领导把我叫过去，跟我说，"我想看看新中心成立后的人才培养计划。"

"没想到原来领导也会关注这些细节问题啊"，当时我一边感慨着一边在指定期限前将培养方案整理好，然后去找领导。

领导问："我们现在培养一名员工需要花多长时间？"

第2章 快速完成"四个步骤"

新中心成立后你准备花多长时间?"

我答道:"培养一名新人独立上岗通常需要2个月左右,新部门建成后预计也需要2个月左右。现在我们东京的新人培训时间就是2个月。"

听完我的回答,领导说:"时间太长了。我只给你一半时间,如果完不成,这份培训计划就作废。"

什么?只给以往一半的时间——1个月?没想到领导要求把培训时间砍掉一半。而且如果完不成,这份培训计划就要作废。

如果你的领导交给你这样一份任务,你会如何完成?

如果只缩短一个星期的时间,通过提高培训效率还是有可能实现的,例如我可以考虑减少一些讲座或是OJT时间①。但要是缩短1个月的时间,按照以往的培训思路肯定行不通。仅凭小聪明搞点小创新是不可能完成这个任务的。

因此,我决定从零思考,重新计划所有培训内容。最终我成功地将培训时间缩短到原来的一半。

下面我来介绍一下我是如何成功完成这项任务的。

以往的培训方法需要让新人在培训期间掌握所有的业务项目,而要想掌握所有业务项目至少需要2个月的时间。

因此,我决定将员工要掌握的业务内容分成四个阶段。

A阶段对应最简单的业务。A→B→C→D,随着阶

---

① OJT,即On the Job Training的缩写,指工作现场的一种培训方法,由上司与技能娴熟的老员工通过日常工作教授下属、普通员工及新员工必要的知识、技能和工作方法等。——译者注

段变化，业务难度也随之提高。掌握了 A 阶段所有业务后，再继续进行 B 阶段的业务学习。这样，通过四个阶段不断提高员工业务水平。

当时，九州的新部门与我们的东京公司开展的业务相同，因此，我让新部门先负责 A 阶段的业务，东京方面则负责 A 阶段以外的 B、C、D 阶段的业务，然后再让新部门逐渐过渡，最终实现完全独立。

从结果来看，新部门只用了短短一周就完全掌握了 A 阶段的业务。

这项工作的成功背后离不开正确的解决问题手法。

对于新员工，在入职培训时一次不要讲太多，等他掌握一项业务之后再循序渐进增加新的内容，这才是培训新人最快捷的方法。而这一点，是我在通过双向提问法（还记得这个方法吗？）进行原因分析的过程中意识到的。

能够找出问题的原因实在令人振奋。

剩下的就是要找出解决方案。我打破了既有的框架，从零思考，最后决定分四个阶段培训新人。

管理层或是部门领导忽然抛过来一个看起来根本无法达成的 KPI 指标，相信你也会遇到这种情况。

这时，仅凭借一点小聪明是不可能完成任务的。

首先要找出真正的问题点在哪里，然后对能想到的问题原因进行彻底分析，最后找出对应的解决方案。在挖掘解决方案时一定要从零思考，这样往往会想到一些精妙的点子。

第 3 章

快速执行方案，务必拿出成果

● "知道原理"与"能够运用"有天壤之别

在步骤四里我们已经制订了解决方案，从这一章开始，我将会讲解如何执行解决方案。

懂得问题解决方法的人未必能够解决实际工作中发生的问题。

因为即使你已经掌握了相关知识，但遇到实际问题时，如果无法灵活运用，则毫无意义。

我曾经遇到过这样一件事。

员工 M 勤奋好学，他阅读了大量商业书籍，频繁参加各种研讨会，每天勤学苦念，不停钻研。关于如何解决问题，他拥有丰富的知识储备，可一旦遇到问题，却无法灵活运用。

有一次，公司里要开展一个大项目，M 主动请缨，担任了项目组组长。

项目组一共有 15 名成员，主要负责提高公司的业务质量。

一开始，工作推进十分顺利，可是渐渐地，项目运行开始出现阻滞。

每周，项目组都会召开例会，可是，渐渐地，小组成员开始无法按时完成上一周布置的数据分析等工作。

那时，M 经常挂在嘴边的话就是——

"只要一做……应该就没问题了。"

"那些解决问题和项目管理的书上都是这么写的,只要做了……应该就能解决。"

勤奋好学的 M 确实把他从书上看到的、研讨班上听来的解决技巧全都用了起来,但却没有成功。

最后,项目没能按计划完成,M 受到项目组成员猛烈抨击,中途被撤了职。

M 的确学习了很多关于解决问题的知识,也了解不少分析模型。但是,知道并不等于会运用。"知道原理"与"能够运用"之间有着天壤之别。

只靠读书并不能掌握解决问题的技巧。如果不付诸实践,这种学习就毫无意义。

如果 M 在学习各种知识与信息的时候能够意识到最终的实践成果,也就是说,在输入的时候能够意识到最终的输出效果,那么结果也许会大不相同。

我们在学习如何解决问题时也是同样的道理。当你学习问题解决法时,不断输入各种信息的同时,一定也要有意识地进行输出。

● **注意!**

> 如果不会实际运用,学习再多的问题解决法也是白搭。

● 只有百分之一的人能够付诸实践

我在软银与雅虎进行培训时,经常会和学员们约定一件事。

我要求他们"一定要将想法付诸实践"。

相信大家以前肯定也参加过不少培训。

接受培训时,每个人心里都热情澎湃。

总希望自己也能做些什么,觉得自己也应该拿出一些新计划。

但是,一回到工作岗位就会发现,热情澎湃的只有你一个人,其他人依旧工作如常。

当你尝试把培训时学到的东西用起来,做些不同的挑战时,就会发现现实很残酷,周围的人往往会给你泼冷水,他们会窃窃私语:"那家伙真够积极的啊!"

这样一来,你刚刚学成归来时的那股热情就会慢慢消失。

这种状况持续一周、两周,甚至一个月以后,你就又变回原来那个意气消沉的自己。

于是,你又开始参加新的培训,又想改变自己,结果很快又陷入同样的循环,最终你会发现自己永远也无法真正改变。

我一直在仔细观察每位学员的工作情况,我发现,只有百分之一的人能够真正将所学内容付诸实践。

不过，反过来想，如果你能成为这百分之一的实践者，就很可能在公司或是在自己的部门里做出一番了不起的事业。

参加培训后，你不能一味沉浸在学习的满足感与充实感之中，重要的是下决心将所学的知识付诸实践，一定要实际行动起来。

你可以先从简单的、不需要花费太多时间的事情做起。

通过不断积累小小的成就感，不知不觉中，你会发现自己已经有信心去挑战更大的项目。

这样一来，你不仅可以亲自体会到实践的重要性，还可以为下一次实践提供动力。

● **注意！**

> 下决心行动起来，你就能成为那百分之一。

● 勇于直面问题，不要逃避

有些人一遇到问题就想逃避。

好不容易学会了倍速工作的解决法，可一旦遇到问题还是会退避三舍。

我曾经遇到过这样一个案例。

有一个部门接到客户的投诉电话。

员工 B 出面解决，向客户道歉，但客户怒火不减，最后大喊道："找你们领导来！"

于是员工 B 对领导 C 说："这是投诉电话，客户说要找领导。"

C 以前曾经参加过问题解决培训班，也学习过应对投诉的方法，因此应该懂得如何应对这种投诉电话。

然而，他却对员工 B 说："换我去，要讲的话也没有什么不同，还是你再去好好跟他说说吧。"

由于 C 不肯接电话，员工 B 不得不再次出面和客户解释，可想而知，客户的怒火愈发升级。

后来，员工 B 找了一个冠冕堂皇的理由跟 C 辞职了。

辞职的不止员工 B 一人，C 领导的工作小组里不少员工都接二连三地辞职了。

不久以后，C 来找我咨询。

他告诉我,他不知道员工 B 为什么会辞职。不仅如此,他还搞不懂为什么其他组员也都相继辞职了。

我回答他:"你想知道为什么你的组员会相继辞职吗?就是因为你没有正面解决客户的投诉,你逃避了问题。"

听到这句话的那一瞬间,C 哑口无言。

遇到麻烦时,我们要有勇气直面问题。没有人在遇到问题时会感到很庆幸。大多数人都会感到厌烦,唯恐避之不及。这是没有办法的事。

不过,逃避绝对不会解决问题。

无论你再怎么努力学习解决问题的技巧,用心掌握分析模型,但如果不敢面对问题,那么这些努力就毫无意义。

每个人遇到问题都会心情低落,这时候一定要用积极的心态去面对,你可以把它看作一次锻炼的机会,可以把自己学到的解决技巧全部使用出来。

你的尝试最终可能会以失败告终,但是,这种失败经历会转化为你的经验。

逃避问题不会带来任何益处,时间过去越久,事态就越严重。更令人感到不可思议的是,无论你怎样逃避,迟早还会遇到同样的问题。因此,遇到问题时,一定要有勇气面对。这是成功解决问题的第一步。

● 注意!

> 每个人遇到问题都会感到恐惧。但是,害怕无法使人进步,更无法解决问题。

● 制作能够超高速解决问题的计划表，注意三个关键点

在实施解决方案的过程中，需要制订一份进度计划。如下页图表所示，很多人喜欢用 Excel 等工具来制作进度表，以此检查问题解决的进展情况。

进度表主要用于项目管理、生产管理等对工作进度进行管理的项目，它可以通过图表实现作业计划的可视化管理。

如下页图表所示，我们可以通过横线来标识作业的进展情况。

不过，在实际工作中，有些人虽然按步骤制作了进度表，但实际进度完全跟不上计划，费力制作的表格最终变成了纸上谈兵。为了防止出现这种情况，在制作进度计划表时，一定要注意以下三个关键点。

进度表

负责人	内容	3月第1周	第2周	第3周	第4周
A	数据分析	→→→	→		
B	新业务听证		→→→	→	
C	完成企划书			→→→	→
○○○	○○○○				
○○○	○○○○				
○○○	○○○○				
○○○	○○○○				

关键点1：明确责任人

有时进度计划里虽然记载了任务内容，但却并没有明确负责人。

这就容易造成推诿现象，出现"我觉得那项工作肯定应该由某某负责"，或者"我没想到这件事应该由我来做"等情况，最终，实际工作没人去做，解决方案也就无法向前推进。

因此，首先必须要明确责任人。

有些工作由一个人负责风险会比较高，这就需要在确定主负责人后，再增设一名副手，确保万无一失。

关键点2：设定缓冲时间

缓冲是指要留有余地，在工作场合，主要是指在时间上留出富余量，设定缓冲时间。

具体来讲，就是在制订进度计划时，要提前设立一些空余日期或空余时段，打出一些富余量。工作进度时常会出现延迟。因为我们要关注的有时不仅仅是眼前的问题，可能手边同时还有很多其他工作要做，或是出现一些突发状况，总之工作中充满意外。

如果提前在进度计划里设定好一些空余日期或空余时段，出现突发状况时气氛就不会显得很紧张。因为一旦进度落后，很多人就会感到焦虑，甚至想要放弃。

提前在计划表里加入一些空余日期或空余时段后，即使发生意外情况，也可以从容应对。

关键点3：增加中途确认点

方案实施过程中，中途确认非常重要，特别是最终确认尤为重要。

在制订进度计划时要提前设定好几个检查点，确认解决方案是否按计划执行、进度有无延迟、内容是否符合计划，等等。

无论解决方案多么完美，如果不能够实际运作起来，就谈不上用世界上最快的速度解决问题。

● **注意！**

> 无法执行的进度计划只是纸上谈兵。

● 没有成效就不算真正解决问题

就算将问题点整理得十分全面，问题原因也全部实现了可视化，同时你还想出了很多解决方案，但最终如果没有任何成效的话，问题就不算得到解决。

"徒劳无功"实在是毫无意义。

所以多多少少都要做出一些成绩来。

一旦做出一点成绩，你的心态就会变得十分积极，你会感觉自己的方案可行，也就会越来越自信。

重要的是一定要行动起来，做出成绩，哪怕只有一点也好。

想要做出成绩，关键在于从不需要花费太多时间的事情做起。

这样一来，你可以一点点积累成功经验，慢慢地，就会发生意想不到的改变，你会感觉自己能够掌控的领域越来越宽。

● 注意！

成绩不分大小，尽早获得成功体验比较重要。

第4章

三天解决涉及其他
部门的问题

● 信息交流不足是部门间无法顺利合作的九成原因

我在前三章主要介绍了如何解决个人类型的问题。从这一章开始，我将讲解如何在三天之内解决那些涉及其他部门的问题。

要解决这种涉及不同部门的问题，最有效的方法是召集相关人员，组建一个问题解决小组。

问题小组的成员必须是相关的负责人，人数不得超过15人（数量也可以适当缩减），大家首先就一个问题展开讨论。然后逐渐找出全部问题点，并共同商定解决方案的优先顺序。

关于问题小组如何具体展开工作，我将在第五章进行讲解。

我在雅虎工作期间，为了改善业务曾多次召集问题解决小组，其中最令我感到意外的是，部门之间时常无法进行沟通。

"每周我们都会召集不同的部门开会……"，越是这样自诩的部门，在讨论问题点时，越是无法顺利进行。

事实上，我在雅虎期间也曾组建过不同部门成员参加的问题解决小组。

小组工作结束后，我会让大家做一个问卷调查，通常反馈回来的信息都是——

"我第一次听到来自不同部门的意见。"

"能够与不同部门的人员就同一个问题进行交流,很有新鲜感。"

"通过这次活动我发觉,虽然以前我们也定期与其他部门开会,但其实并没有什么真正的交流。"

我认为造成部门之间无法顺利合作的最大原因在于信息交流不足,这主要是由于大家从来没有就一个问题充分地进行过讨论。

● **注意!**

> 实际工作中我们看似与其他部门信息共享,但实际上并没有真正进行交流。

● 要积极与其他部门人员就同一问题进行沟通

在会议商谈中,虽然不同部门的人员会就业务的进展情况彼此交换意见,但事实上,大家很少会就同一个问题点进行深入的交流。

通常,会议上的时间大部分都用于交代注意事项、需要调整的工作内容以及需要研究的事务内容等,大家很难就一个问题点进行深入讨论。

在这种状态下,如果出现问题,会有什么样的后果?

虽然大家都知道这个地方有问题,但是由于缺乏交流的机会,等到问题暴露出来时,往往已经变成了一个大问题,很难解决。

而且,越是涉及人员众多的问题,解决起来需要的时间越长,而且还要耗费大量的劳力才能得出结论。

雅虎公司每推出一项新业务,都需要企划、制作、工程、CS(Customer Service 的缩写,即客户服务)等多个相关部门互相协作完成。

不同的部门工作内容完全不同,因此每个人所具备的知识、经验以及看问题的角度也截然不同。

要想将这些人聚在一起共同解决问题,就必须得给他们足够的时间就同一个问题进行深入讨论。

经过充分讨论，他们自然能够达成共识。

关键在于必须要创造一个机会让他们充分交流，这个交流不同于日常会议，必须能保证有足够的时间让他们就同一个问题进行讨论。

● **注意！**

> 相关人员如果能就同一个问题进行讨论，自然有利于达成共识。

● 涉及经营管理方面的问题也必须毫无顾忌地提出来

在讨论那些涉及其他部门的问题时，开会之前，我一定会向与会者讲明会议宗旨：第一，欢迎大家多提一些有关公司经营管理方面的问题；第二，如果没有不同意见就视为赞成。

为什么要如此强调呢？因为如果不提前说好，就不会有人提这方面的问题。而且，如果你不积极发言，很多意见就会成为定案。

有些参加问题小组的成员会认为涉及公司经营管理方面的问题属于禁忌话题。

即便他们认为问题原因出在领导的管理上，也绝对不敢提出来，唯恐被人误认为是在批评领导。

如果在公开的会议场合批评自己的领导，那他的职业生涯很可能就此画上句号。

不过，如果最大的原因真的出在管理问题上，而每个人又都出于顾虑不肯发声，那问题永远也无法得到解决。

因此，每次开会前，我都会提前告诉问题解决小组的成员，我们特别欢迎大家提出经营管理方面的问题。

根据我以往的经验，公司里接近50%的问题都出在管理方面。

如此重要的问题如果被束之高阁，那再怎么讨论也无济于事。

为了能够让大家抛却无谓的顾虑，畅所欲言，我在组建小组之前会提前与每个部门的领导打好招呼。

要想解决问题，实现既定目标，在讨论问题原因时就必须将公司经营管理上可能存在的问题全部拿出来一起讨论，这一点必须提前跟每位领导解释清楚。

在问题解决小组里可能会提出一些涉及经营管理方面的问题，这一点只要提前跟部门领导沟通好，大部分领导都不会反对。

因为这些领导们心里最清楚，如果将问题置之不理，后果一定不堪设想。

● **注意！**

> 半数以上的问题都属于管理问题。

● 让所有成员一鼓作气，快速解决问题

真正加入问题解决小组后，有些一开始不太有士气的成员也会逐渐展露出干劲儿。

最初，他们比较消极，总觉得不管干什么都没有用，但实际做起来就会发现，自己还是能够带来一些变化的。

这主要是因为一开始问题太大，大家往往找不到着手点，但随着原因分析的不断深入，问题点逐渐暴露出来以后，每个人就都能明确具体的方向了。

另外，一些以往被当作禁忌的管理层问题也可以彻底被挖掘出来，每个人都可以讲真话，大家可以同心协力解决问题。

参加过这种多部门成员组成的问题解决小组之后，很多人都感觉确实能够改变很多东西，越来越多人感受到这一点后，就能改变整个工作环境的气氛。

这样一来，问题就简单多了。

用两天时间切实与各位相关人员进行讨论，找出全部问题点，彻底探求问题原因，制订解决方案，剩下一天时间用于制订计划，明确达成目标的每个步骤，确保解决方案能够顺利实施，这样一来，就可以在3天之内完成问题的解决方案。

● **注意！**

> 每一个微小变化都会带动问题的解决。

事例　部门员工接连辞职，人数减半。那么应如何防止事态继续恶化

J是一名部门管理人员，他曾经来找我进行咨询。

J所在的部门原本有100多名员工，但不知从什么时候开始，这个部门里不断有人提出辞职。

先是一个人、两个人，不知不觉中，辞职人数已经接近50人。

由于人员减少，很多业务已经无法正常运行，不仅如此，许多作为部门支柱的老员工竟然也开始出现离职倾向。

作为部门领导，他当然要想办法阻止局面继续恶化。

不过，他一直也没能找到解决问题的线索。

于是在这种情况下，他来向我咨询："如何才能防止离职者继续增加？"

通常的做法应该是对相关人员进行问卷调查，摸清问题可能出现在什么地方，不过我当时直接对现场的员工进行了问询调查，然后按照前面讲到的四个步骤，找出了最终的解决方案。

这个解决方案需要一些资金，而且还需要其他部门的

协作。

　　虽然实现起来难度较大，但完成效果显著。

　　我的解决方案是重新安排员工的座椅位置。

　　当时，我先从四个步骤里的步骤一阶段入手。

　　在这一阶段，我先认真观察了员工们的工作情况。

　　之前，这个部门的座椅位置是五角形的，五个人各坐一角，彼此能够看到对方，一旦出现一个空座就会十分醒目。

　　我一直在观察员工 A，先是坐在他右边的人辞职了。

　　然后没过几天，坐在他左边的人也辞职了。似乎座位离得越近，空位带来的心理影响就越大，因此员工 A 也辞职了。

　　看上去就是因为五角形的座位里渐渐只剩下他一个人，那种孤独感非常强烈，因此他只好也提出辞职。

　　发现问题后，我开始按照解决问题的四个步骤寻找问题原因，最后我找到的解决方案就是变化座椅位置，也就是进行环境调整。

　　我认为，首先要让员工感受到公司在努力做出变化。

　　这个努力看上去其实很简单，就是变换一下座椅位置，但真正实施以后，离职现象一下子就停止了。

　　这个方案真正实施起来需要很多部门配合，财务部要出预算，法务部要负责各种购买合同，总务部需要安装各种设备。

　　因为领导最终说服了各个相关部门，最终大家一起协作完成了解决方案，取得了令人满意的结果。

第 5 章

三个月解决涉及整个
公司的难题

● **遇到难题时常见的五种反应**

即使你遇到的是以前从未经历过的难题,只要你能够严格按照我前面所讲的四个步骤去做,就一定可以顺利解决问题,实现倍速且高效的工作。不过,可能很多人会质疑这一点,不相信真有这么简单。

在这里,我想先介绍一下当遇到一个全新的难题时,人们通常会采取哪些行为模式。

我在雅虎开设的问题解决培训班里经常举办小组讨论,讨论会上我会让学员们做一个3分钟的测试。我们一起来看一下这道题。请你也先思考一下答案,然后再继续往下读。

【题目】

9月4日(周二)前往新大阪车站的"希望205号"东海道新干线于上午7:20从东京站发车,请问在抵达终点站(预计上午9:50到达新大阪车站)之前,这趟列车上咖啡的销售额是多少?

在当时的讨论会上，学员们给出的答案五花八门，都非常有特点。

这道题看起来很像费米问题（通过逻辑估算一个难以查明或很难调查的数字），需要开动脑筋，灵活思考。事实上，通过这道题的答案，我可以明确判断出一个人在解决问题时会如何思考以及他在现场会如何行动。通常，这道题目的答案可以分成以下五种类型。

第一类：答题栏空白

题目让你写出销售额是多少，你却交了白卷，这说明你根本无法解答问题，这种类型的人是领导最讨厌的人。如果让他去解决问题，一遇到难题，他就会半途而废。

这种类型的人必须重新再学习一遍倍速工作问题解决法的四个步骤。

透露一个秘密，交白卷的人大约占半数以上。

第二类：答案栏里填写了结果，但没有任何推理过程

这种类型的人会在答题栏里填写一个数字，例如 3 万日元，但旁边没有附上任何推导过程。

也就是说，你心里有一个结论，你认为销售额是 3 万日元，但当别人问你为什么时，你只会说"因为就是 3 万日元"，这个答案没有任何道理，而你却不以为意，这种类型的人毫无用武之地，因为领导完全听不懂他在说什么，而且一旦领导询问一些细节问题，他的推论马上就会站不住脚。

这种类型的人在解决问题时，能够想出一些解决方案，但是由于他无法解释清楚自己的依据，因此很难获得周围人的信赖。

第三类：答案栏里填写了结果，也写出了推理过程，但在金额前写着"大约"字样

明明写出了计算公式，最后得出的答案刚好是4万日元，但是在填写答案时却非要在4万前面加上一个"大约"，这种类型的人一旦开展一些细致工作就会显得毛毛躁躁，向领导汇报具体情况时也会打马虎眼。

解决问题时最忌遗漏，必须将所有问题点全部找出，而这种类型的人往往会在最后一刻功亏一篑，容易造成问题点遗漏，导致问题无法解决。

第四类：写出计算过程，但没有填写最终结果

明明有答题栏却没有填写，反而把答案随意写在自己喜欢的地方，这种类型的人比较随意任性，在最后关口往往容易松懈。

这种类型的人虽然能够找出正确的解决方法，但在实施过程中，总是以自我为中心，容易招致周围人的反感，最终耽误解决问题的时间。

第五类：既写清楚了最终结果，也写清楚了推理过程

这种类型的人具备良好的问题解决能力，今后会在工作岗位上大放异彩。

那么你属于哪种类型呢？

即使你不是第五种类型的人也不用担心，只要今后朝着这个目标去努力就好了。

因为，工作中是没有完全正确的答案的。

下面我来介绍一下我的答案，供大家参考。

新干线列车通常有 16 节车厢（假定其中 3 节是特等车厢），普通车厢每排 5 个座位，一节车厢有 20 排，因此可以通过以下算式计算出座位数量。

（普通车厢）1 排 5 座 ×20 排 =100 座（1 节）× 13 节 =1300 座

特等车厢座位比较宽敞，假定每排 4 座，每节车厢 17 排。

（特等车厢）1 排 4 座 ×17 排 =68 座（1 节）× 3 节 =204 座

这样一来，可以估算出所有的座位数量。

下一步需要计算购买咖啡的人数，首先要计算乘坐率。

究竟会有多少人乘车呢？我们来推测一下。周二的早上属于工作日，应该会有很多人出差。

普通车厢的乘坐率往往比较高，因此我们可以分别推算普通车厢与特等车厢的乘坐率。

乘坐率：普通车厢为 90%，特等车厢票价比较贵，先假定乘坐率为 80%。这样一来，就能计算出乘客人数。下面需要计算购买咖啡的乘客比例。由于大部分乘客会在便利店或自动售货机上买好饮料带上车，因此我们可以假定在车上购买咖啡的人数大约占乘客总数的 1/10。如果一杯咖啡的价格是 300 日元，（1300 × 0.9+204 × 0.8）× 0.1 × 300=39996 日元，这就是咖啡的销售额。

无论你的答案与我相差多少，你都不必为此产生任何情绪波动。因为这道题与工作一样，并没有完全正确的答案。无论你得出的销售额是多少，都是正确答案。

5万日元也好，10万日元也罢，这个数字并不重要。因此你没有必要因为答案与我的金额相差太远而感到失望。

我主要是通过这道题来考察一个人在解决问题时的态度是否正确。也就是说，这道题主要考察的是你能否一直坚持到最后，直至找出答案。遇到一个稍微有点难度的问题时，能够做到不逃避，坚持努力到最后，这种态度非常重要。

企业中出现各种问题时，必须要找出相应的答案。而你遇到的问题很可能是从来没有出现过的新问题。即使过去出现过同样的问题，相关的人员、环境和条件也不尽相同。

这时，即使你的大脑已经变成一片空白，是否还能不断设想各种可能性，并且能够想出合理的解释获得对方认可，这才是这道题想要考察你的地方。

即使你完全搞不懂问题，也要开动脑筋，大胆假设，努力去思考问题的解决办法。

就算你回答不出这道新干线的咖啡问题，也不会对你的工作造成任何影响。

不过，在紧急关头迸发出的实力才是你目前真正的实力。

● 注意！

> 越是困难的问题越能考验一个人真正的实力。

第 5 章　三个月解决涉及整个公司的难题

● **无论多么棘手的问题，只要严格遵循四个步骤，就一定能够快速解决**

一遇到棘手问题，很多人就容易打退堂鼓，觉得困难太大，自己办不到，不可能解决。

对于那些涉及企业经营管理方面的重大问题、比较错综复杂的问题或是一些重大项目中出现的问题，不可能一眼就找出原因和有效对策。

有时候，可能还需要同时执行好几个方案，甚至还不一定马上就能见效。

而且，涉及的相关人员越多，问题解决起来就越复杂。

不过，无论多么棘手的问题，都一定会有相应的原因，也一定能找到对应的解决方法。

只是如果问题难度过大，或是涉及的人数太多就会导致情绪变得消极。

所以不用担心，无论什么难题都一定能找到原因，也一定会有解决方案。

只要把问题分析清楚，就必定能解决。

而且，如果你能顺利解决一个以前从未有人解决过的问题，那种成就感与喜悦感是无与伦比的，周围人对你的印象也会彻底改观。

在解决那些涉及企业经营管理方面的重大问题时，我会将问题小组的核心成员召集在一起，花两天时间进行充分讨论，直至找出真正的问题与原因。

身为职场一员，无论工作中遇到多么棘手的问题，都必须要解决，因此，你一定要告诉自己，没有什么问题是无法解决的，一定要勇于挑战。

● **注意!**

> 无论多么棘手的问题都能解决，一定要坚信这一点，勇于挑战难题！

第 5 章　三个月解决涉及整个公司的难题

● 解决问题的关键在于方案的执行过程

遇到问题后，只要能够严格按照前文所述的四个步骤去做，就一定能快速找到解决方案。

然而，实际上，最关键的步骤是在确定好解决方案的优先执行顺序以后。

确定好方案的执行顺序后，就正式进入执行阶段，这个阶段尤为重要。

如果问题简单，只要按照确定好的顺序逐一执行即可，但如果问题复杂，执行起来就没那么容易了。

因为要执行的解决方案不止一个，很多事情必须要同时进行。

而且，这些事情也必须确定好先后顺序，逐一进行。

在讲解如何确定解决方案的优先顺序时，我曾经讲过，对于那些无法量化的方案，要通过完成效果与可行性进行比较。

基本上，只要选择完成效果好、可行性又高的方案就没问题，但是在解决棘手问题时，有时候需要解决方案之间实现联动。

这是什么意思呢？有时候在执行那些效果好、可行性又高的方案之前，必须先执行一些效果没那么好的方案。因为如果不先执行那些方案就无法将效果好、可行性又高的方案付诸实施。

这样一来，当你遇到这些必须执行很多方案的复杂问题时，就必须确定好每个方案的执行过程。

正如一部小说必须要有开头和结尾一样，解决问题也需要一个完整的过程。我们必须认真设计好解决问题的每一步。

● **注意!**

> 执行解决方案的过程一定要经过周密设定。

第 5 章　三个月解决涉及整个公司的难题

● 召集核心成员，明确目标

平时，当我在实际工作中遇到问题，包括那些涉及企业经营管理方面的重大问题时，我都会在多摩大学研究生院客座教授诹访良武先生的建议下，使用本书中介绍的方法去解决。

在此，我想简单介绍一下我的做法。

首先，我会从明确问题开始（请参照第 132 页的图）。

明确我们要解决的问题是什么，这一点非常重要，因此我会与项目组领导反复商议，通过邮件与面谈等方式不断讨论，直至得出结论。如果是涉及公司改革的问题，那就更应该明确问题内容，必须要找到一个能够涵盖全部问题点的问题名称。

从明确问题到执行解决方案的全过程

- 明确问题 明确目标
- 找出全部问题点
- 通过双向提问法查找问题原因
- 确定待解决问题的优先顺序
- 找出解决方案
- 确定解决方案的优先顺序
- 执行解决方案

例如,"公司的销售额停滞不前""顾客满意度不断下降""新产品竞争力低下"等,必须先明确要解决的问题是什么。

下一步需要召集能够讨论问题点的充分必要成员。

这里所说的充分必要是指小组成员必须得是进入执行阶段后能够真正拍板负责的人。因为,如果组员里没有能够负责执行的人,那么解决方案很可能会变成一纸空谈。

因此,问题解决小组的成员必须是能够执行方案的人。

根据我以往的经验,要讨论重大问题时最好召集 10~15 人比较合适。如果人数过少,就无法收集足够的信息,如果人数过多,讨论时发言机会就会减少,无法提高组员的参与热情。

召集到足够数量有能力负责执行的组员以后,就可以准备进行小组讨论了。

● **注意!**

> 为了提高认同感,小组讨论务必全员参与。

● 只需准备制图纸、笔和便签

　　如果从排查问题点到分析问题原因、确定解决方案的优先顺序这一系列工作都是由你一人独立完成，那么最好提前准备一些 A3 以上尺寸的大纸，或是制图纸，以及一些便签。

　　便签的优点在于梳理问题点时，比较方便粘贴和撕掉。在对问题点进行排查分类时，使用便签也很方便。

　　如果用钢笔写在纸上，想修改的时候就得用到涂改液之类的东西，比较麻烦，可如果是便签的话，你可以直接撕掉不用的那张。简便易行，非常值得推荐。

　　另外，你还可以准备一些不同颜色的便签，通过颜色进行问题分类。

　　如果你是独立排查问题点、分析原因并制订解决方案，那么只要准备好制图纸、便签和一支笔就可以随时开始。

　　如果是几个人组成一个问题解决小组，那就需要先把问题点写在制图纸上。然后把这些制图纸贴在会议室里，大家一起展开讨论。

　　另外，还需要准备一些贴纸用的胶带、计时器等文具以及明确会议规程。

　　当然，你也可以利用 Excel 等工具将问题的内容进行可视化处理。

● 小组讨论前公布发言须知

在召集十几人的问题解决小组时,我会在正式讨论前对每位组员讲解发言须知。

下面我简单介绍一下须知内容。

须知 1:所有组员都站在一个平等的立场上

问题解决小组的成员既有普通员工,也有管理层的重要人物。

如果不提前声明所有人都站在一个平等的立场上,大家发言时可能就会有所顾虑,尤其是普通员工,他们甚至可能会顾忌上司的脸色而放弃发言的机会。因此,一定要提前强调这一点。

须知 2:非常欢迎大家就企业经营管理方面提出问题

前面我曾讲过,涉及整个公司的重大问题近 50% 原因出在管理层或管理制度方面,这是我多年经验得出的结论。

如果对这部分问题视而不见,那么无论再怎么努力讨论也不可能真正解决问题。

因此我会明确告诉大家不要有任何负担,我们非常欢迎大家提出管理方面的问题。

须知 3:每位组员都应坦率讲出内心想法,不要有顾虑

在分析问题原因时，如果大家心存顾虑，只说一些场面话，那就无法找出真正的问题原因。

我会明确告知每位组员，要想找出问题原因关键在于直言不讳，无论想到什么都要坦率地说出来。

须知 4：尽量清晰地表达自己的意见

有些人喜欢陈述感想，还有些人总喜欢插嘴，这些行为会令大家分不清什么是好的，什么是坏的，容易导致观点模糊。我会要求每个人都清晰地表达自己的意见。

须知 5：小组会议期间一定要将精力集中在问题讨论上

进行小组讨论前，我会跟每位组员说清楚，开会时不得使用电脑等设备，否则，大家就会一边开会一边看电脑，查邮件，无法集中精力进行讨论。

大家平时工作都很忙，难得能够请到全部核心成员参与讨论，我们应该有效地利用这个机会。

● **注意！**

> 小组讨论前讲清楚规则可以确保会议顺利进行。

● 为什么自由讨论的效果不理想

每次由我主持问题小组的讨论时,我都会事先公布5条规则。

下面我逐条进行解释。

规则1:讨论每个问题原因时不得将话题岔开

小组讨论的人数一多,话题就容易被岔开。

本来大家都在集中讨论一个问题,一旦话题被岔开,注意力就容易被分散。

要想再回到原来的话题,就必须得让每个人大脑都进行切换。

因此,主持人一定要特别注意观察,一旦出现跑题现象,必须即时做出纠正。

规则2:会上不得随意发言,只有被点到名者才能发言

我在主持小组讨论时,通常会实行点名发言制。

也就是说,不是每个人都能自由发言,只有被点到名字者才能发言。

因为自由发言很容易演变成随意聊天,而且不知道大家会聊到什么,根本无法集中精力讨论。

规则3:中途不得缺席

小组讨论通常要进行两天，因为组员们平时工作都很忙，因此时间一长，就会有很多其他工作需要临时处理。

有时，还会有紧急电话打过来。

基本上，每次开会前我都会与每位组员确定好时间，确保他们能空出两天时间，但实际上，只要一开会，还是常常会有人提出需要紧急离开 30 分钟。

这时，如果在有人缺席的情况下继续讨论，最终问题很可能无法顺利解决。

因为，事后缺席者可能会对一些决议提出异议，例如"当时我没有参加讨论，所以我没听说过这项决议"。

因此，万一有组员因为突发状况不得不临时缺席会议，通常我会让大家先休息一下，等人齐了以后再继续讨论。

另外，这种讨论最好不要在公司的会议室内进行，选择距离公司较远的会议室可以有效地避免打扰，也可以让大家更集中精力。

规则 4：如果没有反对意见就视为全体赞成

小组讨论时，有些人即使心里有想法，也会踌躇不决，不肯坦白说出来。

不过，如果提前明确了这条规定，没有反对意见就视为全体通过，那么如果那些人有不同意见就不得不主动发言。

规则 5：发言内容要简洁

我时常遇到一些人，一讲起话来就没完没了。

这些人话一长，结果就不知道自己到底想要表达什么。

你的周围可能也有这样的人。

为了提高会议效率，我会提前声明，希望每个人的发言都能简洁明了。

由于每次开会前我都会明确这几条规定，因此与会者基本没有边讨论边用电脑打字，或处理其他事务的现象。

主持讨论的人必须要为小组成员提供一个能够集中思考的环境。

● **注意！**

> 为了能让大家集中精力，应提前设计好规则并告知每一位参与者。

● 通过双向提问法，找出 200 个以上问题原因

在解决雅虎购物、雅虎邮箱等公司内部的业务问题时，我一定会在小组讨论时用到双向提问法。

所谓双向提问就是指问以下两个问题：

"如果让你说出一个问题原因，你认为会是什么？"

"如果你提出的原因得到解决，是否能够彻底地解决这个问题呢？"

"什么？就这两个问题就够了吗？"或许你会怀疑这种方法太过简单，不过，我在组织小组讨论时，就是要求他们牢记这两个问题。

这也说明，只要你掌握了双向提问法，无论身处何处，哪怕只有你一个人，也能顺利解决问题。

我在培训班上也会把重要的事情反复进行强调。

因为，不反复强调的话，很多人转眼就会忘记。

有些人甚至连几分钟前发生的事情都记不住。

你听说过艾宾浩斯的遗忘曲线吗？

德国心理学家赫尔曼·艾宾浩斯（Hermann Ebbinghaus，1850~1909）曾做过一个实验，他让被实验者大量背诵由三个字母组成的无意义音节列表，然后再观察记忆被逐渐遗忘的

速度，并将它绘成图表。

这就是著名的艾宾浩斯遗忘曲线（见下图）。

实验结果显示，20分钟后忘记的内容达到42%，1小时后为56%，1天后为66%，6天后达到75%，1个月后将会有79%的内容被遗忘。

也就是说，只要过1个月，你就会忘记80%左右的内容。

艾宾浩斯遗忘曲线

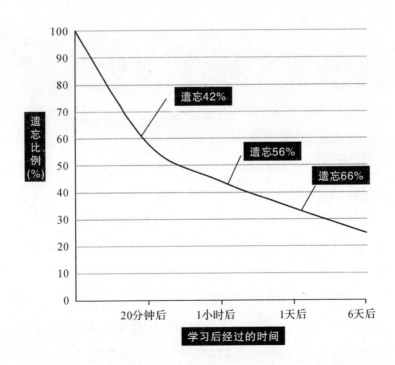

我举这个例子是想说明，在培训班里我也会遇到同样的情况，很多人在课上学过的内容，转眼就会忘记。

我在课上一直强调，分析问题原因时要用到双向提问法，先问"如果只让你说出一个问题原因，你认为会是什么？"再问"如果你提出的原因得到解决，是否能够彻底解决这个问题？"双向提问法非常重要，务必要掌握。可是无论我怎样强调，似乎5分钟之后就有人已经忘记了。

不过，只要多反复几遍，肯定能记住，因此如果有必要的话，希望你能够反复阅读本书，牢牢掌握这个方法。

请问，你现在记住双向提问法了吗？

我已经反复提过多次，相信大家都已经掌握了吧。

没错。双向提问法就是要先问"如果让你说出一个问题原因，你认为会是什么？"。虽然人类也属于动物，但不可思议的是，我们有一种与其他动物不同的习性，只要一被问到，人类就会不由自主地思考答案。

例如，如果有人问你"你最喜欢的食物是什么"，你肯定会给出一个"嗯，炸鸡块"之类的答案。

当你独自一人解决问题时，可以自己向自己提问，如果要解决比较棘手的问题，可以召集一些核心成员组成问题解决小组，然后向每位成员逐一抛出这个问题。

请他列举出一个问题原因。

只要你逐一进行提问，每次肯定都能得到一个答案（一个原因）。

每出现一个问题原因后，如果能够发现解决方案，就不用再继续深入。但是，如果提出原因后无法看到解决方案，那就要针对这个原因继续提问，请他再列举一个造成这个原因的原因。

这段话听上去可能有些复杂，我们来看一个具体的事例。

假设我们现在要解决一个重大问题——公司员工的满意度不断下降。

如果单纯让每位参与讨论的成员列出员工满意度下降的原因，他们可能只会想到一些常见的原因，如工作量太大、后勤福利跟不上、工资太低，等等。

但是，如果使用双向提问法，就能通过不断提问来找出一些以前察觉不到的原因。

下面我来再现一段小组讨论时的真实场景。

【小组讨论实录】

寺下：下面我们开始小组讨论。首先我想先提一个问题，B先生，如果让你说出一个导致员工满意度下降的原因，你认为会是什么？（纵向提问）

B先生：嗯，我想想。我觉得可能是因为最近相继有很多员工辞职造成的。

寺下：（仅凭相继很多员工辞职这一点无法看出解决方案）原来如此。那让我们再深入地想一想。这次我想请问C先生。如果只让你说出一个导致员工相继辞职的原因，你认为会是什么？（纵向提问）

C 先生：嗯……可能是因为团队内的交流越来越少吧。

寺下：有道理。交流太少啊……那么，A 先生，如果只让你说出一个导致团队交流减少的原因，你会说什么？（纵向提问）

A 先生：我觉得，是不是因为大家都太忙了，根本没时间碰个面，聊聊天什么的。

交流减少的原因找到了。只要创造一些开会沟通的机会，问题似乎就能解决。

既然已经发现了解决方案，那么接下来就要进行横向提问。"如果你提出的原因得到解决，是否能够彻底解决这个问题？"

寺下：那么，我想问一下 B 先生。如果创造一些开会沟通的机会，是否能够彻底解决交流减少的问题？（横向提问）

B 先生：这个嘛……我觉得解决不了。

寺下：是吗，解决不了啊。（那就说明还有其他问题原因）那么我再问 B 先生一个问题。除了没有开会沟通的机会以外，如果只让你说出一个导致团队交流减少的原因，你认为会是什么？

B 先生：嗯，我觉得主要是因为现在大家很少像以前那样一起聚聚餐，搞个联谊什么的。

寺下：（聚餐和联谊只要组织一下就可以，能够找到解决方案）原来如此。那么，我再请问 C 先生一个问题。如果创造一些开会沟通的机会，组织一些聚餐或联谊，是否能够彻底解决交流减少的问题？（横向提问）

C 先生：我觉得部门的目标与任务没有得到深入贯彻也是一个问题。

寺下：原来如此。部门的目标与任务现在还没有得到深入贯彻。那我想再问 A 先生一下。如果让你说出一个导致部门目标与任务没有深入贯彻的原因，你认为会是什么？（纵向提问）

A 先生：部门领导每半年会有一次讲话，我们只有那时候才能了解一些部门的目标与任务。

寺下：那请问 B 先生，部门领导半年才会谈到一次部门目标与任务，如果让你说出一个造成这一问题的原因，你认为会是什么？（纵向提问）

B 先生：可能是因为部门领导太忙了吧。平时开会的时候他也总不在。

寺下：这样啊。部门领导很忙，经常缺席会议。那么，请问 C 先生，如果让你说出一个导致领导很忙经常缺席的原因，你认为会是什么？（纵向提问）

C 先生：嗯，我觉得是因为他要开的会太多了吧。

寺下：如果精简一下会议，似乎就能解决领导不在的问题。那么，请问 D 先生，如果精简了部门领导要出席的会议，是否能够彻底解决领导太忙，经常缺席的问题？（横向提问）

D 先生：我觉得好像可以。

寺下：那么，我继续问 B 先生一个问题……

讨论继续。

像这样，不断重复双向提问，可以发现很多问题原因。

● 涉及经营管理方面的难题，必须要找出 200 个原因

在分析重大问题的原因时，我不会使用"头脑风暴"的方法。

因为就算大家绞尽脑汁想上好几个小时，最多也就只能找出 40~50 条问题原因。

而且想出的原因还不一定能够网罗各个方面。

如果使用我刚才介绍的双向提问法，在分析涉及经营管理方面的重大问题时，往往可以找到 200 条以上问题原因，而且这些原因能够覆盖的范围也明显不同。

对于那些涉及经营管理方面的复杂问题必须要找出 200 个原因，这是我在分析问题原因时设定的目标。

因为，根据我以往的经验来看，如果能找出大约 200 个原因，基本上就能涵盖所有问题点的 85% 以上。

在主持小组讨论时，我很少用 Excel，基本上都是把问题点直接写在制图纸上。

200 个问题点大约会用 17~20 张纸，能够整整贴满大会议室的一面墙。

这样一来，所有组员都能对全部问题点感同身受，而且成就感非同小可。这样也更方便每个人发现问题的解决方案。

找出所有问题点后，下一步需要确定先解决哪个问题，也就是说，大家要一起讨论决定必须先从哪个问题点入手。

方法很简单。

只要对 200 个问题点逐一进行举手表决，选择票数最多的就可以。

每位组员在举手时，判断的依据是什么呢？与解决个人类型的问题一样，判断标准有两点。

我们一起复习一下。第一个判断标准是重要程度。

另一个是完成效果。

重要程度需要站在社长或部门领导的角度进行判断。你可以先设想自己就是社长，然后再判断这个问题重要与否。

而完成效果需要根据这个问题解决后对实际工作产生的影响进行判断。

接下来，将全部问题点按照 A（高）1/3、B（中）1/3、C（低）1/3 的比例排定优先顺序。

如果有 120 个问题点，那就请大家按照 A40 个、B40 个、C40 个的比例举手表决。

排好优先顺序后，将重要程度与完成效果均为 A 级，也就是两者程度都很高的问题点抽出来。

将重要程度与完成效果均为 A 级的问题点排列起来，仔细观察，然后进行分类。

接下来，观察那些重要程度 A 级、完成效果 B 级，或是重要程度 B 级、完成效果 A 级的问题点，排查其中是否还有有价值的信息。

如果是个人类型的问题，可以只挑重要程度与完成效果均为 A 级的问题点来找出解决方案。但对于涉及经营管理方面的复杂问题，还必须对其他级别的问题进行排查，因为那些问题点里也有可能埋藏着重要信息。

下一步需要为每个类别的问题点命名。

最后，观察这些整理好的问题点，思考解决方案。

● 注意！

> 对于涉及经营管理方面的复杂问题，找出 200 个问题原因就可以覆盖绝大部分问题点。

● 找出所有解决方案，确定优先顺序

即便是涉及经营管理方面的复杂问题，只要方法正确，也一定能解决。

上一节我讲到对于重大问题要先找出 200 个问题原因，然后再确定解决这些问题的先后顺序。

在确定问题的优先顺序时，我会将重要程度与完成效果都很高的问题点分好类，然后在一张 A4 纸上画一个问题结构图。

通常重大问题的问题点可以分成 4~5 类，每一类里有 4~5 个问题，问题点全部加在一起大约有 15~20 个。

接下来，按照不同的类别逐一思考解决方案。

因此，在制订解决方案时，并不需要为 200 个问题点全部找出对应方案，基本上，只要解决那些重要程度与完成效果都很高的问题就可以。

与个人类型问题相同，在思考解决方案时不要被"人员、物品、资金、风险"等框架限制，必须尽可能多地设计解决方案。

涉及经营管理方面的重大问题时，解决方案通常能找到几十个，多的时候会接近 100 个。

在确定解决方案的优先顺序时，因为会涉及后面具体的

操作，因此在思考阶段，最好把方案写在便签纸上，以方便下一步整理。

与个人类型问题相同，在确定优先顺序时，要通过方案的完成效果与可行性这两个标准进行判断。

将写在便签纸上的方案按照效果大小与可行性高低的标准贴在不同的表格里进行整理，这时候，一定要注意一点。

必须提前限定每个表格里的方案数量。

例如，在第151~152页的示例里，能够贴在表格①里的方案数量不能超过5个，否则的话，所有人都想把自己的方案贴到效果好可行性又高的表格里。

那样一来，就会失去排序的意义。

不过，执行排序靠前的方案时，可能会需要解决一些其他的问题作为前提条件，那些问题必须提前解决。

问题结构图示例

"A 公司无法提高顾客满意度"之问题结构图	
管理层与公司员工都没有真正重视提高顾客满意度这项工作	
商品质量有问题	
与其他同行业公司相比价格偏高	
基础设施问题	**库存管理问题**
信息系统不完善	有缺货现象
缺少操作指南	库存地点不固定
缺少规章制度	库存管理部门不明确
没有配置工作用手机等相关硬件	没有遵守库存管理规定
管理及企业风气问题	
经营方针不明确	
管理层管理不善	
各部门之间、管理层与员工之间、员工与员工之间缺乏有效交流	
员工满意度数值较低	
企业风气松散,不遵守交货期及各种规定时间的现象普遍存在	

使用4×4图表整理解决方案

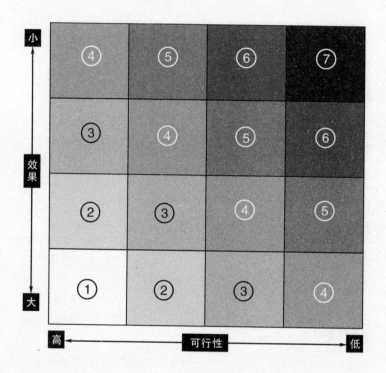

● **注意！**

确定优先顺序时，可以通过限定表格里的方案数量来分散解决方案。

事例　如何在一天半时间内召集200人成立投诉处理部门

要想用世界上最快的速度解决涉及经营管理方面的复杂问题，必须绘制一张"通往最终目标的路线图"。正如一部小说必须要有开头和结尾一样，解决问题也需要一个完整的过程。

确定好解决方案的优先顺序后，我们必须再次整理执行方案的每个步骤。另外，如果需要同时执行好几个方案，就必须设计一下怎样做才能最快到达终点。

下面我要介绍一个亲自参与的涉及经营管理方面的问题解决实例。

这件事发生在一个普通的工作日。

我记得当时是周五的晚上，我好像正坐在回家的电车上。我掏出手机，看到一条新闻。据说一家公司发生了重大事故，当时我并没有意识到什么，只觉得"这是场大事故，这家公司接下来麻烦可大了"。

结果，第二天，周六傍晚，我突然接到董事的一个电话。

"你现在马上搭乘新干线到大阪来。"

电话里他并没有告诉我到大阪后去找谁，也没告诉我为什么要去。

反正就是让我马上过去一趟。

我都没来得及换衣服就跳上了开往新大阪的新干线。在新干线上,我收到一条短信,总算知道了下车后该去哪里。

到达新大阪车站以后,我继续换乘地铁,最终来到一栋大楼前。

会议室里坐满了董事,还有很多像我一样被召集来的相关人员,但我还是不知道将要发生什么。只是能够通过现场的气氛察觉出大事不妙。

接下来,董事的发言如同五雷轰顶。

"我们集团公司遇到了一个大麻烦。希望大家能够在周一之前成立一个应对客户投诉的部门。"

当时是周六晚上8点。

投诉处理部门需要在周一上午9点以前成立,距离最后时限只有一天半的时间。而且,预计应对客户投诉的员工人数至少需要200名。虽然问题严峻,但摆在我们面前的没有拒绝这一选项。周一之前我们必须要做好准备。

当然,要成立一个新部门,必须准备好所有应对客户投诉时需要的东西,例如,必备的人员、对应的场所、相关的作业流程、客户问题的应对方法、宣传与法务等部门的配合等等,因此,我们首先要确定完成投诉处理至少需要哪些准备。为此,我们先从寻找问题点开始。

把所有问题点写在便签纸上并贴到墙上以后,我们发现便签纸有200多张。

中途,遇到难以判断的内容时,我们会直接与管理层进行确认,想尽各种办法进行处理。

最终,周六晚上我们一直开各种电话会议,工作到深夜，周日一早又打车去各地签约，找人，不断推进各项准备工作。

周日傍晚，我和董事坐上出租车一路赶往大阪伊丹机场。

然后，我们从东京羽田机场转机飞往札幌的千岁机场，直到周日晚上，新部门才算有了一点眉目。虽然我们到达札幌时已经是深夜，但由于没有提前预订酒店，只好在酒店前台用手机临时预约，并办理了入住。由于太过疲劳，我们当天连晚饭都没吃就睡着了。

第二天，周一早上8点钟，我们召集了160名员工，迅速进行了1小时左右的投诉处理培训，并按计划在札幌和大阪的三处办公地点准备了220个工位，上午9点准时开放了应对客户投诉的服务。

在之后的一个月左右我一直常驻札幌负责项目运行，最终，所有项目组成员，包括我在内都获得了公司最高奖的表彰。

接到建立新部门的指示后，我必须在有限的一天半时间内解决问题，而我所做的，就是按照本书中介绍的倍速工作的问题解决法，通过四个步骤找出问题点，分析原因，制订相应的解决方案，并在短时间内迅速实施。

通过这次危机处理令我深刻感受到，无论遇到多么复杂的问题都不能逃避，要抱定所有问题都能解决的坚定信念，只要按照正确的方法去做，问题就一定能够解决。这次危机处理为我提供了一个宝贵的机会，让我重新认识到这一点。

后记

　　首先，非常感谢你能够读完本书。

　　一说到解决问题，很多人就会认为需要用到一些特殊技巧。不过读完本书以后，相信你已经明白，其实这些技巧你也会用。希望本书能够为你掌握问题解决技巧提供一点启示。而且，希望你在实际工作中遇到棘手问题时，一定记得使用。

　　我在书中也强调过，解决问题不需要天赋，只是一种技巧。只要能够掌握正确的方法，任何人都可以解决问题。不过，反过来说，如果不能掌握正确的方法，你就无法及时解决问题，甚至可能永远无法解决问题。

　　只要掌握了解决问题的技巧，无论是在工作现场还是私人场合，都能发挥很大威力。而且，由于这套技巧能够解决各种复杂问题，掌握了它你就有可能成为各个部门争抢的人才，因此，希望你能将本书中介绍的方法灵活地应用到自己的工作当中。

　　问题解决技巧可以算是每位职场员工的基本技能，与此相关的书籍也有很多，但是令人感到不可思议的是，真正掌握这一技巧的人才非常稀少。

后记

　　以前，只要能把问题解决好，花多长时间都无所谓。而如今，时代不同了，企业更看重的是如何在有限的时间内快速解决问题。

　　如果你能将从本书中学到的技巧"爆速"应用起来，肯定能够用世界上最快的速度去解决问题，实现倍速工作。

　　不过，找到解决方案后一定要行动起来，付诸实践，千万不要因为担心失败而踌躇不前。

　　只有付诸实践，问题解决才有意义。

　　最后，在本书出版过程中，我曾经得到多位人士的大力协助。在此，我想向各位表示衷心的感谢。

　　本书写作过程中，诹访良武先生（原 OMRON FIELD ENGINEERING 公司常务董事、多摩大学研究生院客座教授）为我提供了最大的帮助。从主题策划到检查文稿，诹访先生为我提供了全面的支持。在此谨向诹访先生表示衷心的感谢。

　　同时向 SB Creative 株式会社的编辑鲸冈纯一先生以及 SoftBank University 事务局的各位同仁表示衷心的感谢。

　　另外，本公司宣传部的前田将与宫下健太郎也为本书的完成提供了很多支持，在此一并感谢。

　　最后我还要感谢我的妻子知佳子与女儿小凛，虽然我在写作期间对家庭照顾不周，但她们一直给予我最大的鼓励与支持，同时，我还要感谢抚育我长大的父母，谢谢你们。

寺下薰

参考文献

《只需进行双向提问！最简单的问题解决法》(诹访良武著，钻石社)

《关于怎样解题》(G.波利亚著，柿内贤信译，丸善)

《锻炼地头力》(细谷功著，东洋经济新报社)

《制霸全球的丰田式问题解决法》(若松义人著，经济界)

《问题解决的应用学》(斋藤显一著，钻石社)

《问题解决教科书》(小宫一庆著，PHP研究所)

《从讨论开始》(安宅和人著，英治出版)